Zum neuen Jahr

Zum neuen Jahr

Von Vorsätzen,
Hoffnungen und Wünschen

Herausgegeben
von Wolfgang Erk

Radius

HERAUSGEGEBEN VON WOLFGANG ERK

Die Deutsche Bibliothek – CIP-Einheitsaufnahme

Zum neuen Jahr: von Vorsätzen, Hoffnungen
und Wünschen. – Stuttgart: Radius, 1996
ISBN 3-87173-087-4

ISBN 3-87173-087-4

Umschlag und Umschlagfoto: Rainer Groothuis
Satz, Druck und Bindung bei Clausen & Bosse, Leck
Printed in Germany

Zu diesem Buch

Der Altjahrsabend und der Neujahrstag, der Tag vor dem Geburtstag und der Geburtstag selbst – das sind Anlässe zum Feiern. Wir messen solchen Daten ganz unterschiedlich viel oder wenig Bedeutung zu, blicken zurück und nach vorn, bilanzieren einen Teil unseres Lebens, werden sentimental oder ausgelassen, laden Freunde ein oder ziehen uns zurück. Der an Silvester schier ungeheuerliche Aufwand an Geldsummen für Feuerwerkskörper einerseits und die Selbstmordrate andererseits sprechen ihre eigenen Sprachen.
Jeder solche Tag, der sich aus dem Trott des Einerlei heraushebt, hat seine ganz individuelle Bedeutung. Stunden der Rückschau, der Wehmut auch, der Bilanzierung (die sich nicht allein in Zahlen ausdrückt), der formulierten oder still gefaßten Vorsätze, der Hoffnungen und Wünsche wollen gefüllt werden. Die lautstarke Oberflächlichkeit ist nur Ausdruck zunehmender Unfähigkeit, aufeinander zu hören, miteinander zu reden. Die, die den Krach machen, haben wir nur noch nicht erreicht mit Inhalten, mit überzeugenden Alternativen.
Dieses Buch will Anregung geben, Menschen aus der zunehmenden Wortlosigkeit ins Gespräch zu bringen – auch Alte mit Jungen, Reiche mit Armen, solche aus der Mitte mit welchen, die an den Rand des Lebens gespült wurden: Miteinander lesen, einander vorlesen, über das Gehörte, Gelesene reden.

Die Texte dieses Buches sind vielerlei Herkunft: über Jahrhunderte hin entstanden, stammen sie aus verschiedenen Überzeugungen und Glaubensrichtungen und formulieren doch sämtlich etwas von Rückblick und Ausblick, etwas von Hoffnung wider alle Hoffnungslosigkeit, reden über Zeit und Zeitlosigkeit an Schwellenpunkten von Leben – mag das für das ganz persönliche Datum gelten oder für den Kalenderabschnitt, der mit Silvester und Neujahr seinen besonderen Akzent bekommt. So Walther von der Vogelweide: *Oweh wohin entschwanden alle meine Jahre!* oder Michelangelo Buonarroti: *Alles endet, was entstehet...* Nach den Texten aus dem 12. bis 15. Jahrhundert dann Matthias Claudius und zum

Beispiel Lichtenberg: *Das alte Faß ist ausgetrunken, / Der Himmel steckt ein neues an*, dann Goethe und Schiller, Jean Paul und Annette von Droste-Hülshoff: *Das Jahr geht um, / Der Faden rollt sich sausend ab.* Schließlich Texte von Mörike, Hans Christian Andersen, Conrad Ferdinand Meyer, Fontane und Mathilde Wesendonck: *Sausendes, brausendes Rad der Zeit, / Messer du der Ewigkeit; / Leuchtende Sphären im weiten All, / Die ihr umringt den Weltenball; / Urewige Schöpfung, halte doch ein, / Genug des Werdens, laß mich sein!*
Dann, das darf natürlich in einem solchen Buch nicht fehlen: Wilhelm Busch! *Will das Glück nach seinem Sinn / Dir was Gutes schenken, / Sage Dank und nimm es hin / Ohne viel Bedenken* ... Und sein herrlicher Text *Die Uhren.*
Nach Paul Verlaine dann Friedrich Nietzsche: *Ich liebe die Silvesternächte und die Geburtstage. Denn sie geben uns Stunden, wie man sie sich freilich oft machen kann, aber nur zu selten sich macht, wo die Seele stillesteht und einen Abschnitt der eigenen Entwicklung übersehen kann. In solchen Stunden werden entscheidende Vorsätze geboren ... Es ist schön, wenn auf die Entschlüsse und Vorsätze der Seele – gleichsam die erste junge Saat der Zukunft – die Wünsche und Segnungen der Verwandten wie ein milder Regen fallen ...*
Da finden sich fromme Texte von Rudolf Alexander Schröder, Ernst Wiechert ... und zum Beispiel von Hermann Hiltbrunner *(Herr der Tage, Herr der Jahre, / dieser Erde Zwischenspiel, / wende es ins Wunderbare, / weis uns aller Ziele Ziel)* und *nicht so fromme wie die von Bloch, Brecht und Tucholsky.* Einer seiner trefflichsten Texte *»Das Ideal«* – schier unzählige Male bei entsprechenden Gelegenheiten vorgelesen – ist gleichermaßen voll von Tiefsinn und Heiterkeit. Da heißt es zu Beginn *Ja, das möchste: / Eine Villa im Grünen mit großer Terrasse, / vorn die Ostsee und hinten die Friedrichstraße; / mit schöner Aussicht, ländlich-mondän, / vom Badezimmer ist die Zugspitze zu sehn – / aber abends zum Kino hast dus nicht weit. / Das Ganze schlicht, voller Bescheidenheit* ... und am Schluß *Wir möchten so viel: Haben. Sein. Und gelten. / Daß einer alles hat: / das ist selten.* – Dann die Neujahrsrede auf dem Balkon *Hat jeder seinen Punsch?* von Erich Kästner.

Gegen Ende des Buches eine weitere Textauswahl unseres Jahrhunderts: Bonhoeffer, Klepper, Wiemer – Werner Finck, Mascha Kaléko, Hilde Domin – Solschenizyn und Voinovitch – Rose Ausländer, Richard Exner, Walter Hel-

mut Fritz, Peter Bichsel und Peter Härtling – ja, aber auch Hildegard Knef, Reinhard Mey. Nur Beispiele.
Das Ganze eingerahmt von zwei Texten zu Jahresschluß und Jahresneubeginn von Traugott Giesen.

Vor über zwanzig Jahren habe ich eine erste literarische Auslese unter diesem Titel »Zum Neuen Jahr« herausgebracht. Und es ist unvergeßlich, wie wir, Uwe Kynast und ich, auf einer Ferienreise an Silvester 1974 in Barcelona bei dem damals die dortige deutsche Gemeinde betreuenden Pastor Hans Stemper einem Kreis seiner Gemeinde das Buch vorstellten: ein langer Abend mit Texten und Musik.
Das Buch von damals war bald vergriffen und wurde nicht neu aufgelegt. Nach langer Zeit habe ich nun die Sammlung ausgegraben und aufgefrischt: rund die Hälfte der Texte trägt, wie ich meine, auch heute noch; eine andere Hälfte ist neu hinzugekommen. Möge die Sammlung in dem eingangs mitgeteilten Sinn Freude machen, ins Gespräch bringen, an den Kerben und Knotenpunkten des Lebens nachdenklich machen, Tiefen ausloten und in vielleicht nicht geahnte Weiten weiterführen.

Stuttgart, im August 1996 *Wolfgang Erk*

TRAUGOTT GIESEN (* 1940)

Für viele habe ich zu danken

Gleich geht das Jahr zuende, dann sind die Zeitgutscheine ausgegeben. Doch, Schreck, es bleibt so viel Angefangenes, auch Wiedergutzumachendes und Reparaturbedürftiges, und auch so viel Sehnsucht, die noch nicht erfüllt ist, so viel Liebe, die noch gestaltet sein will. Da muß doch bitte noch ein neues Jahr kommen! Drängend bitte ich um ein neues Bündel Gutscheine. Ich hoffe, daß der Zeitgeber Gott mir noch eine Spanne bereithält. Ich habe doch Geschmack gewonnen an diesem schönen anstrengenden Leben, gerade dieses Jahr hat mir, dir Lust gemacht, gern hier zu sein, unter dieser Sonne, bei diesen Menschen.

Ach, die Menschen dieses Jahres – jeder hat seine Besonderen –, laßt uns, jeder für sich, die Seinen bedenken. Einige will ich küssen, andere anrufen, andere bedenken mit einer Blume durch die Luft: Wieder hat der Mensch an meiner Seite ausgehalten, hat mitgelacht und mitgelitten, mitgedacht und mitgemacht und ist mit älter geworden. Die Kinder bedenk ich, sie machen ihr Eigenes, aber halten Verbindung. Auch wenn die Eltern schon im Himmel sind, geben sie freundschaftliches Geleit und lasten nicht.

Ich danke für befreundete Menschen, die mich mögen, die mir die Meinung sagen, aber eben auch wissen, wie weit sie nicht zu weit gehen sollten. Und für Menschen, die meine Arbeit sich gefallen ließen und sich zunutze gemacht haben, die ein Stück aufmerkten und sagten: Ja, so kann man es sehen; die einen Schubs für ihre eigene Entscheidung mir abnahmen. Und die einzelnen, die mal Laut gaben, daß irgendwas getaugt habe. Und die auf mich achthatten: die mein unachtsames Fahren ausglichen, die gutes Wort für mich einlegten, die mir zuarbeiteten, mich grüßten, mir ein Lächeln schenkten. Und Kinder seien bedankt, die jauchzen im Spiel, und die Alten, die klug und ohne Falsch dafür bürgen, daß der Ehrliche nicht der Dumme ist. Auch der Nachbar an Krücken stärkt meinen Elan, weil er mit seinen Widrigkeiten zurechtkommt. Und noch für viele Dank: Für die, die die Zeitung machen und die Brötchen backen, während ich noch schlafe. Und die, die Blumen malerisch binden und die Musik machen können oder Worte finden für meine Gefühle. Und die stellvertretend auch für mich mit Martinshorn die erste Hilfe bringen. Für die politisch Aktiven, die viel Zeit von andern sich bestimmen lassen, für die Heiligen dieser Zeit, die die Menschenrechte hochhalten. Und, und. Ach, wieder noch ein Jahr erbitt ich für die Menschen, die ich liebe. Und du auch.

DER PREDIGER SALOMO 3,1–9

Alles hat seine Zeit

Ein jegliches hat seine Zeit, und alles Vorhaben
unter dem Himmel hat seine Stunde:
geboren werden hat seine Zeit,
sterben hat seine Zeit;
pflanzen hat seine Zeit,
ausreißen, was gepflanzt ist, hat seine Zeit;
abbrechen hat seine Zeit,
bauen hat seine Zeit;
weinen hat seine Zeit,
lachen hat seine Zeit;
klagen hat seine Zeit,
tanzen hat seine Zeit;
Steine wegwerfen hat seine Zeit,
Steine sammeln hat seine Zeit;
herzen hat seine Zeit,
aufhören zu herzen hat seine Zeit;
suchen hat seine Zeit,
verlieren hat seine Zeit;
behalten hat seine Zeit,
wegwerfen hat seine Zeit;
zerreißen hat seine Zeit,
zunähen hat seine Zeit;
schweigen hat seine Zeit,
reden hat seine Zeit;
lieben hat seine Zeit,
hassen hat seine Zeit;
Streit hat seine Zeit,
Friede hat seine Zeit.
Man mühe sich ab, wie man will, so hat man keinen
Gewinn davon.

Oweh wohin entschwanden alle meine Jahre!
War mein Leben ein Traum, oder ist es Wirklichkeit?
Was ich immer glaubte, es sei – war all das etwas?
Dann habe ich geschlafen, und weiß es nicht.
Nun bin ich erwacht, und ich kenne nicht mehr
was mir zuvor bekannt war wie meine eigene Hand.
Leute und Land, in deren Mitte ich von Kind an aufgezogen worden bin,
die sind mir fremd geworden, als hätte es sie gar nicht gegeben.
Mit denen ich gespielt habe, die sind jetzt müde und alt.
Bebaut ist das Land, gerodet der Wald.
Liefe der Fluß nicht wie er einstens lief –
glaubte ich wahrlich, mein Leid wäre groß.
So mancher grüßt mich überhaupt nicht mehr, der mich einst sehr wohl kannte:
Die Welt ist überall voller Undank.
Wenn ich so manchen strahlenden Tags gedenke
der spurlos mir entglitten ist, wie ins Wasser ein Schlag –
immerdar: oweh.

Oweh wie kümmerlich geben die jungen Leute sich,
die einstmals fröhlich und wohlerzogen waren,
die verstehn sich nur noch auf Sorgen – ach und warum sind sie so?
Wohin auch ich mich wende – niemand ist vergnügt:
Tanzen, Lachen, Singen vergehen ganz in Sorgen.
Nie hat ein Christenmensch eine derart klägliche Gesellschaft gesehn.
Man sehe nur, wie den Damen ihr Kopfschmuck steht;
und stolze Ritter tragen bäurische Kleidung!
Böse Briefe sind uns aus Rom gekommen.
Traurigsein ist uns gestattet, Frohsinn ganz genommen.
Das schmerzt mich zutiefst, (wir lebten einst nicht übel),
daß ich jetzt mein Lachen gegen Tränen eintauschen soll.
Selbst die Vögel im wilden Wald werden bedrückt von unsrer Klage:
was Wunder daß auch ich darob alle frohe Stimmung einbüße?

Aber ach, was sage ich Narr da in meiner schlimmen Empörung!
Wer dem Glück dieser Welt nachgeht hat das ewige schon eingebüßt,
immerdar oweh.

Oweh wie wir mit süßen Dingen vergiftet sind!
Ich sehe die bittere Galle inmitten des Honigs schwimmen.
Die Welt ist außen schön, weiß, grün und rot –
und innen von schwarzer Farbe und finster wie der Tod.
Wen aber sie verführt hat, der sehe jetzt auf seine Rettung:
mit geringer Bußleistung wird er von schwerer Sünde erlöst.
Daran denkt, ihr Ritter; es ist eure Sache.
Ihr tragt die strahlenden Helme und die harten Kettenhemden,
und dazu feste Schilde und geweihte Schwerter:
wollte Gott auch *ich* wäre solcher Segnung noch wert!
Dann würde ich in meiner Dürftigkeit mir reichen Lohn erdienen.
Doch damit meine ich keinen Landbesitz noch das Gold der Großen:
die Krone der Seligkeit wollte ich ewig tragen!
Die konnte einst schon ein Söldner mit seiner Lanze erringen.
Könnte ich den ersehnten Zug mitfahren übers Meer,
dann würde ich freudig singen, und niemals mehr oweh,
niemals mehr oweh!

MICHELANGELO BUONARROTI (1475–1564)

Alles endet, was entstehet.
Alles, alles rings vergehet,
Denn die Zeit flieht,
Und die Sonne sieht,
Daß alles rings vergehet,
Denken, Reden, Schmerz und Wonne;
Und die wir zu Enkeln hatten
Schwanken wie bei Tag die Schatten,
Wie ein Dunst im Windeshauch.
Menschen waren wir ja auch,
Froh und traurig, so wie ihr,
Und nun sind wir leblos hier,
Sind nur Ende, wie ihr sehet.
Alles endet, was entstehet.
Alles, alles rings vergehet.

MARTIN LUTHER (1483–1546)

Neujahr

»Der Herr segne und behüte dich.« Das erste Stück dieses Segens betrifft das leibliche Leben und Güter. So wünscht nun dieser Segen dem Volk, daß ihm Gott wolle Glück und alles Gut geben, daß es alles, was not ist zu diesem leiblichen Leben, habe, es sei Haus, Hof, Acker, Vieh, Gesinde; und wenn ers nun gibt und wirs haben, daß ers auch behüte und bewahre, als den Leib vor Krankheit und Plagen, das Vieh, Haus, Acker vor Feuer, Wasser, Ungewitter und allerlei Schaden. Und lehret uns solcher Segen daneben, daß wir dankbar sein sollen. Es ist Gottes Segen, Gottes Hut und Sorge.
»Der Herr erleuchte sein Angesicht über dir und sei dir gnädig.« Das ander Stück betrifft das geistlich Wesen und die Seele. So wünscht nun dieser Segen, daß uns Gott wolle sein gnädigs Wort reichlich lassen scheinen und damit fröhliche Gewissen machen, daß uns die Sünde, Gewissen, Gesetze und Teufel nicht erschrecken, noch verzagt und betrübt machen, daß wir nicht seinen Zorn, sondern seine Gunst und Liebe in unserm Herzen fühlen. Er setzt aber dazu: »Und sei dir gnädig.« Das erst ist Gnade oder Gunst, wenn er seinen Zorn wendet und uns durch sein Wort gnädiglich ansiehet und uns alle Sünde vergibt und also unser Herz gegen ihn sicher und fröhlich machet.
»Der Herr erhebe sein Angesicht auf dich und gebe dir Frieden.« Das dritte Stück betrifft auch das geistlich Wesen und die Seele. Und begreift auch zwei, nämlich Erheben des Angesichts und den Frieden. Denn er wünschet nicht allein, daß wir gestärkt und getröstet werden durch Erhebung seines Angesichts wider den Teufel, sondern, daß er uns auch ein friedlich Herz und guten Mut verleihe in solchem Kampf und Unruhe, auf daß wir nicht allein erdulden und endlich obsiegen, sondern auch mitten in dem Kampf und Unruhe Frieden haben mögen, Gott loben und danken, und nicht murren noch ungeduldig werden wider seinen göttlichen Willen; daß der Friede in unserm Herzen solle den Sieg behalten, daß wir nichts wider Gott noch Menschen durch Ungeduld vornehmen, sondern beide, inwendig und auswendig, gegen Gott und den Menschen, still und friedlich bleiben, bis der endliche und ewige Friede komme.

FRIEDRICH VON LOGAU (1604–1655)

Das neue Jahr (1650)

Abermals ein neues Jahr!
Immer noch die alte Not!
Ob das alte kommt von uns,
Und das neue kommt von Gott!
Gottes Güt ist immer neu,
Immer alt ist unsre Schuld.
Neue Reu verleih uns, Herr,
Und beweis uns alte Huld!

PAUL FLEMING (1609–1640)

Neujahrsode 1633

Stelle deine Schlachten ein,
Mars, und lerne milder sein!
Tu die Waffen ab und sprich:
Hin, Schwert, was beschwerst du mich?

Dieser Helm wird nütze sein,
daß die Schwalben nisten drein,
daß man, wann der Frühling kömmt,
junge Vögel da vernimmt.

Und der brachen Erde Bauch
darf der Spieß und Degen auch,
doch daß sie sehn anders aus:
Pflug und Spaten werden draus.

Tritt, was schädlich ist, beiseit!
Hin, verdammte Pest und Streit!
Weg, ihr Sorgen, weg, Gefahr:
ietzund kommt ein neues Jahr!

ANDREAS GRYPHIUS (1616–1664)

Schluß des 1648. Jahres

Zeuch hin, betrübtes Jahr! Zeuch hin mit meinen
Schmerzen!
Zeuch hin mit meiner Angst und überhäuftem Weh!
Zeuch so viel Leichen nach! Bedrängte Zeit, vergeh
Und führe mit dir weg die Last von diesem Herzen!

Herr! vor dem unser Jahr als ein Geschwätz und Scherzen,
Fällt meine Zeit nicht hin wie ein verschmelzter Schnee?
Laß doch, weil mir die Sonn gleich in der Mittags-Höh,
Mich noch nicht untergehn, gleich ausgebrennten Kerzen!

Herr, es ist genug geschlagen,
Angst und Ach genug getragen,
Gib doch nun etwas Frist, daß ich mich recht bedenke!

Gib, daß ich der Handvoll Jahre
Froh werd' einst vor meiner Bahre!
Mißgönne mir doch nicht dein liebliches Geschenke!

Betrachtung der Zeit

Mein sind die Jahre nicht, die mir die Zeit genommen;
Mein sind die Jahre nicht, die etwa möchten kommen;
Der Augenblick ist mein, und nehm ich den in acht,
So ist der mein, der Jahr und Ewigkeit gemacht.

ERDMANN NEUMEISTER (1671–1756)

Geistlicher Neujahrswunsch

Ich wünsche jedermann den Donner und den Hagel
des Wortes, daß es euch durch Herz und Seele dringt;
die ganze Welt hängt ja die Gottesfurcht an'n Nagel,
und dieses ist der Zwang, der alle Herzen zwingt.
Brecht Hals und Bein entzwei, ihr Eltern und ihr Kinder,
dem Adam, welcher euch zum Bösen stets erweckt!
Den Teufel wünsch ich euch, ihr unbekehrten Sünder,
nicht zwar, daß er euch holt, vielmehr euch nur erschreckt!
Ich selbstens will nach nichts als Mord und Totschlag ringen
des Fleisches, welches uns zum Übel nur erhebt.
Der Himmel lasse nur den Wunsch also gelingen,
so heißt es recht vergnügt, so heißt es wohl gelebt.

MATTHIAS CLAUDIUS (1740–1815)

Ich pflege mich denn wohl alle Neujahrsmorgen auf einen Stein am Weg hinzusetzen, mit meinem Stab vor mir im Sand zu scharren und an dies und jen's zu denken. Nicht an meine Leser; sie sind mir aller Ehren wert, aber am Neujahrsmorgen auf dem Stein am Wege denk' ich nicht an sie, sondern ich sitze da und denke dran, daß ich in dem vergangnen Jahr die Sonne so oft hab' aufgehn sehen und den Mond, daß ich so viele Blumen und Regenbogen gesehn und so oft aus der Luft Odem geschöpft und aus dem Bach getrunken habe; und dann mag ich nicht aufsehn, und nehm' mit beiden Händen meine Mütz' ab und guck h'nein.

GEORG CHRISTOPH LICHTENBERG (1742–1799)

Neujahrslied 1773

Das alte Faß ist ausgetrunken,
Der Himmel steckt ein neues an,
Wie mancher ist vom Stuhl gesunken,
Der nun nicht mit uns trinken kann.
Doch ihr, die ihr, wie wir beim alten,
Mit so viel Ehren ausgehalten,
Geschwind die alten Gläser leer
Und setzt euch zu den neuen her!
Dir, Freund, der mit der Jugend Feuer
Des Alters Tugenden verbind't
Und zwischen Akten und der Leier
Auf Lieder für die Freundschaft sinnt,
Bring' ich dies Glas, komm, laß uns trinken,
Bis wir zu unsern Vätern sinken,
Des Deutschen Wein und Redlichkeit
Noch lange so getreu wie heut.

JOHANN HEINRICH VOSS (1751–1826)

Empfang des Neujahrs

Des Jahres letzte Stunde
Ertönt mit ernstem Schlag:
Trinkt, Brüder, in die Runde
Und wünscht ihm Segen nach.
Zu jenen grauen Jahren
Entfliegt es, welche waren;
Es brachte Freud' und Kummer viel,
Und führt' uns näher an das Ziel.
Alle
Ja, Freud' und Kummer bracht' es viel,
Und führt' uns näher an das Ziel.

In stetem Wechsel kreiset
Die flügelschnelle Zeit:
Sie blühet, altert, greiset
Und wird Vergessenheit;
Kaum stammeln dunkle Schriften
Auf ihren morschen Grüften.
Und Schönheit, Reichtum, Ehr' und Macht
Sinkt mit der Zeit in öde Nacht.
Alle
Und Schönheit, Reichtum, Ehr' und Macht
Sinkt mit der Zeit in öde Nacht.

Sind wir noch alle lebend,
Wer heute vor dem Jahr,
In Lebensfülle strebend,
Mit Freunden fröhlich war?
Ach, mancher ist geschieden
Und liegt und schläft in Frieden!
Klingt an und wünschet Ruh hinab
In unsrer Freunde stilles Grab.
Alle
Klingt an und wünschet Ruh hinab,
In unsrer Freunde stilles Grab.

Wer weiß, wie mancher modert
Ums Jahr, gesenkt ins Grab!

Unangemeldet fordert
Der Tod die Menschen ab.
Trotz lauem Frühlingswetter
Wehn oft verwelkte Blätter.
Wer von uns nachbleibt, wünscht dem Freund
Im stillen Grabe Ruh und weint.
Alle
Wer nachbleibt, wünscht dem lieben Freund
im stillen Grabe Ruh und weint.

Der gute Mann nur schließet
Die Augen ruhig zu;
Mit frohem Traum versüßet
Ihm Gott des Grabes Ruh.
Er schlummert leichte Schlummer
Nach dieses Lebens Kummer;
Dann weckt ihn Gott, von Glanz erhellt,
Zur Wonne seiner bessern Welt.
Alle
Dann weckt uns Gott, von Glanz erhellt,
Zur Wonne seiner bessern Welt.

Auf, Brüder, frohes Mutes,
Auch wenn uns Trennung droht!
Wer gut ist, findet Gutes
Im Leben und im Tod!
Dort sammeln wir uns wieder
Und singen Wonnelieder!
Klingt an, und: Gut sein immerdar!
Sei unser Wunsch zum neuen Jahr!
Alle
Gut sein, ja gut sein immerdar!
Zum lieben frohen neuen Jahr!

JOHANN WOLFGANG VON GOETHE (1749–1832)

Zum Neuen Jahr

Zwischen dem Alten
Zwischen dem Neuen,
Hier uns zu freuen
Schenkt uns das Glück,
Und das Vergangne
Heißt mit Vertrauen
Vorwärts zu schauen,
Schauen zurück.

Stunden der Plage,
Leider, sie scheiden
Treue von Leiden,
Liebe von Lust;
Bessere Tage
Sammeln uns wieder
Heitere Lieder
Stärken die Brust.

Leiden und Freuden,
Jener verschwundnen,
Sind die Verbundnen
Fröhlich gedenk.
O des Geschickes
Seltsamer Windung!
Alte Verbindung,
Neues Geschenk!

Dankt es dem regen,
Wogenden Glücke,
Dankt dem Geschicke
Männiglich Gut;
Freut euch des Wechsels
Heiterer Triebe,
Offener Liebe,
Heimlicher Glut!

Andere schauen
Deckende Falten
Über dem Alten
Traurig und scheu;
Aber uns leuchtet
Freundliche Treue;
Sehet, das Neue
Findet uns neu.

So wie im Tanze
Bald sich verschwindet,
Wieder sich findet
Liebendes Paar,
So durch des Lebens
Wirrende Beugung
Führe die Neigung
Uns in das Jahr.

FRIEDRICH SCHILLER (1759–1805)

Hoffnung

Es reden und träumen die Menschen viel
Von bessern künftigen Tagen,
Nach einem glücklichen goldenen Ziel
Sieht man sie rennen und jagen.
Die Welt wird alt und wird wieder jung,
Doch der Mensch hofft immer Verbesserung.

Die Hoffnung führt ihn ins Leben ein,
Sie umflattert den fröhlichen Knaben,
Den Jüngling lockt ihr Zauberschein,
Sie wird mit dem Greis nicht begraben,
Denn beschließt er im Grabe den müden Lauf,
Noch am Grabe pflanzt er – die Hoffnung auf.

Es ist kein leerer schmeichelnder Wahn,
Erzeugt im Gehirne des Toren,
Im Herzen kündet es laut sich an:
Zu was Besserm sind wir geboren!
Und was die innere Stimme spricht,
Das täuscht die hoffende Seele nicht.

Brief an Christophine

Schließlich wünsch ich Dir und Euch allen von ganzem Herzen ein glückliches Schicksal im 1784sten Jahr, und gebe der Himmel, daß wir alle Fehler des vorigen in *diesem* wieder gutmachen, geb es Gott, daß das Glück sein Versäumnis in den vergangenen Jahren in dem jetzigen hereinbringe.
Ewig Dein treuer Bruder Friedrich S.

Mannheim, am Neujahr 1784

JOHANN PETER HEBEL (1760–1826)

Neujahrslied

Mit der Freude zieht der Schmerz
traulich durch die Zeiten.
Schwere Stürme, milde Weste,
bange Sorgen, frohe Feste
wandeln sich zur Seiten.

Und wo eine Träne fällt,
blüht auch eine Rose.
Schon gemischt, noch eh' wir's bitten,
ist für Thronen und für Hütten
Schmerz und Lust im Lose.

War's nicht so im alten Jahr?
Wird's im neuen enden?
Sonnen wallen auf und nieder,
Wolken gehn und kommen wieder,
und kein Wunsch wird's wenden.

Gebe denn, der über uns
wägt mit rechter Waage,
jedem Sinn für seine Freuden,
jedem Mut für seine Leiden
in die neuen Tage,

jedem auf des Lebens Pfad
einen Freund zur Seite,
ein zufriedenes Gemüte,
und zu stiller Herzensgüte
Hoffnung ins Geleite!

Neujahrswünsche eines Wochenblatt-Trägers

Als wenns nie dagewesen wär,
ist wieder eins hinunter,
begraben in das tiefe Meer
bei Fusel und Burgunder,

bei Saitenspiel, Pistolenschuß
und krachenden Petarden.
Bei Händedruck und Liebeskuß
in Sälen und Mansarden.

's hats wohl verdient, das gute Jahr,
für viele schöne Gaben,
daß wir an seiner Totenbahr
Valet getrunken haben.

Was will ich lange Seiten voll
sie alle rezitieren!
Ich hoff, das liebe neue soll
sie selber repetieren.

Mit Blüten war der März geschmückt,
mit Blüten der Oktober;
manch Kindlein in der Wiege liegt
mit Bäcklein wie Zinnober.

Vor allem ist der edle Wein
nach Herzenswunsch geraten,
und mancher schmollt im Kämmerlein
und zählet die Dukaten.

An unsereinen kommt es spät,
auch etwas zu erhaschen
und, wenn man auf der Gasse geht,
zu klimpern in den Taschen.

Doch was mir werden soll, das war
in guter Hand indessen;
ich weiß, das gabenreiche Jahr
hat mich nicht ganz vergessen.

JEAN PAUL (1763–1825)

Die Neujahrsnacht eines Unglücklichen

»Ein alter Mann stand in der Neujahrsmitternacht am Fenster und schaute mit dem Blick einer langen Verzweiflung auf zum unbeweglichen, ewig blühenden Himmel und herab auf die stille reine weiße Erde, worauf jetzt niemand so freuden- und schlaflos war als er. Denn sein Grab stand nahe an ihm, es war bloß vom Schnee des Alters, nicht vom Grün der Jugend verdeckt, und er brachte nichts mit aus dem ganzen reichen Leben, nichts mit als Irrtümer, Sünden und Krankheit, einen verheerten Körper, eine verödete Seele, die Brust voll Gift und ein Alter voll Reue. Seine schönen Jugendtage wandten sich heute als Gespenster um und zogen ihn wieder vor den hellen Morgen hin, wo ihn sein Vater zuerst auf den Scheideweg des Lebens gestellt, der rechts auf der Sonnenbahn der Tugend in ein weites ruhiges Land voll Licht und Ernten und voll Engel bringt, und welcher links in die Maulwurfsgänge des Lasters hinabzieht, in eine schwarze Höhle voll heruntertropfenden Gifts, voll zielender Schlangen und finsterer schwüler Dämpfe.

Ach die Schlangen hingen um seine Brust und die Gifttropfen auf seiner Zunge, und er wußte nun, wo er war.

Sinnlos und mit unaussprechlichem Grame rief er zum Himmel hinauf: gib mir die Jugend wieder! O Vater, stelle mich auf den Scheideweg wieder, damit ich anders wähle!

Aber sein Vater und seine Jugend waren längst dahin. Er sah Irrlichter auf Sümpfen tanzen und auf dem Gottesacker erlöschen, und er sagte: es sind meine törichten Tage. – Er sah einen Stern aus dem Himmel fliehen und im Falle schimmern und auf der Erde zerrinnen: Das bin ich, sagte sein blutendes Herz, und die Schlangenzähne der Reue gruben darin in den Wunden weiter.

Die lodernde Phantasie zeigte ihm schleichende Nachtwandler auf den Dächern, und die Windmühle hob ihre Arme drohend zum Zerschlagen auf, und eine im leeren Totenhause zurückgebliebne Larve nahm allmählich seine Züge an.

Mitten in den Krampf floß plötzlich die Musik für das Neujahr vom Turm hernieder wie ferner Kirchengesang. Er wurde sanfter bewegt – er schauete um den Horizont herum und über die weite Erde, und er dachte an seine Jugend-

freunde, die nun, glücklicher und besser als er, Lehrer der Erde, Väter glücklicher Kinder und gesegnete Menschen waren, und er sagte: o ich könnte auch wie ihr diese erste Nacht mit trocknen Augen verschlummern, wenn ich gewollt hätte – ach ich könnte glücklich sein, ihr teuern Eltern, wenn ich euere Neujahrs-Wünsche und Lehren erfüllet hätte.
Im fieberhaften Erinnern an seine Jünglingszeit kam es ihm vor, als richte sich die Larve mit seinen Zügen im Totenhause auf – endlich wurde sie durch den Aberglauben, der in der Neujahrsnacht Geister und Zukunft erblickt, zu einem lebendigen Jüngling, der in der Stellung des schönen Jünglings vom Kapitol sich einen Dorn auszieht, und seine vorige blühende Gestalt wurd' ihm bitter vorgegaukelt.
Er konnt' es nicht mehr sehen – er verhüllte das Auge – tausend heiße Tränen strömten versiegend in den Schnee – er seufzete nur noch leise, trostlos und sinnlos: komme nur wieder, Jugend, komme wieder!« ...
– Und sie kam wieder; denn er hatte nur in der Neujahrsnacht so fürchterlich geträumt; – er war noch ein Jüngling. Nur seine Verirrungen waren kein Traum gewesen; aber er dankte Gott, daß er, noch jung, in den schmutzigen Gängen des Lasters umkehren und sich auf die Sonnenbahn zurück begeben konnte, die ins reine Land der Ernten leitet.
Kehre mit ihm, junger Leser, um, wenn du auf seinem Irrweg stehst! Dieser schreckende Traum wird künftig dein Richter werden; aber wenn du einst jammervoll rufen würdest: ich komme wieder, schöne Jugend – so würde sie nicht wiederkommen.

JOHANN GOTTFRIED SEUME (1763–1810)

Zum neuen Jahr

Jetzt noch laßt uns fröhlich sein,
Da die Stunde lacht!
Hauch des Todes schließt den Reih'n
Wohl noch vor der Nacht.
Schnell ist unsre Zeit verflossen,
Toren, die sie nicht genossen!
Jetzt noch laßt uns fröhlich sein,
Da die Stunde lacht!

Heute weht uns Leben an
In dem Sonnenstrahl;
Übermorgen ordnet man
Unser Leichenmahl.
Eilt, den Kelch noch auszuleeren,
Ehe sich die Fackeln kehren!
Heute weht uns Leben an
In dem Sonnenstrahl.

Eh' noch dort die Sterne glühn,
Ruft vielleicht Freund Hein;
Freunde, dann begrüßet ihn
Mit dem schönsten Reih'n.
Freude nährt der Seele Stärke
Zu des Lebens schwerstem Werke,
Eh' noch dort die Sterne glühn,
Ruft vielleicht Freund Hein.

Heiter lächelnd küsse dann
Uns der Genius,
Führ' uns durch die dunkle Bahn
Mit der Liebe Gruß.
Wenn wir jenseits wieder leben,
Wird der Vater Freude geben.
Heiter lächelnd küsse dann
Uns der Genius!

JEREMIAS GOTTHELF (1797–1854)

Menschenkind, mach die Augen auf!

Am Neujahrstag da war es ganz anders als am Weihnachtstage, wo die Sonne schien und hoch am Himmel es so klar war, daß man hätte meinen können, wenn man nur noch ein ganz klein wenig bessere Augen hätte, müßte man bis hinein in den Himmel sehen.

Am Neujahrstage war es zwar weiß auf Erden, aber dunkelweiß, nicht zwei Schritte sah man vor sich hin, es schneite, als ob es nie mehr gut wäre, Flocken wie große Nastücher oder kleine Leintücher schwebten massenweise nieder. Es war so recht, als wollte der liebe Gott dem Menschenkind predigen: O Menschenkind, mach die Augen auf und betrachte, wie weit du siehst auf Erden, kaum einen Schritt von dir weg erkennst du die Dinge, die da sind, weiter hin siehst du nicht, was kommt, siehst du auch nicht, und wer von deiner Seite geht, verlierst du aus den Augen: was ist's, das du siehst? Eine Hand breit Erde rund um dich, nicht groß genug zu deinem Grabe. Das ist's, was siehst von der Zeit, die über dich hinrauscht. Du hörst ihren Flügelschlag, aber ob du den nächsten hörst, weißt du nicht, du weißt, daß du bist, aber ob du am Abend noch sein wirst, und wer am Abend noch mit dir sein wird, ist dir verborgen. Du weißt vielleicht, was du hast, aber was morgen dir noch bleibt, das ist dir verborgen, und nach dem Morgen kommt ein anderer Morgen, kommen einer nach dem anderen, dreihundertfünfundsechzig Morgen, und von denen bringt jeder etwas, nimmt ein jeder etwas, und was jeder bringt, was jeder nimmt, das weißt du auch nicht, o Menschenkind. Und wenn die dreihundertfünfundsechzig alle verronnen sind, dann erst ist das Jahr verronnen, ein neues pocht an die Türe, wie es dann aussieht, wer noch ist, wer nicht mehr ist, wie viel Altes vergangen, wie viel Neues entstanden, ja, ob die Erde noch ist oder verronnen im Wasser oder verzehrt vom Feuer, siehe, das weißt du auch nicht, o Menschenkind! Siehe, o Kind, was du weißt: du weißt, daß du in diesem Augenblick noch bist, weißt, daß da draußen es schneit in diesem Augenblick, kannst zählen, wer um dich ist in diesem Augenblick, aber wie es im nächsten Augenblick ist, ob gleich oder anders, das weißt du nicht!

ANNETTE VON DROSTE-HÜLSHOFF (1797–1848)

Am letzten Tag des Jahres

Das Jahr geht um,
Der Faden rollt sich sausend ab.
Ein Stündchen noch, das letzte heut,
Und stäubend rieselt in sein Grab,
Was einstens war lebendge Zeit.
Ich harre stumm.

's ist tiefe Nacht!
Ob wohl ein Auge offen noch?
In diesen Mauern rüttelt dein
Verrinnen, Zeit! Mir schauert doch.
Es will die letzte Stunde sein
Einsam durchwacht.

Geschehen all,
Was ich begangen und gedacht,
Was mir aus Haupt und Herzen stieg,
Das steht nun, eine ernste Wacht,
Am Himmelstor. O halber Sieg!
O schwerer Fall!

Wie reißt der Wind
Am Fensterkreuze! Ja, es will
Auf Sturmesfittichen das Jahr
Zerstäuben, nicht ein Schatten still
Verhauchen unterm Sterne klar.
Du Sündenkind!

War nicht ein hohl
Und heimlich Sausen jeden Tag
In deiner wüsten Brust Verlies,
Wo langsam Stein an Stein zerbrach,
Wenn es den kalten Odem stieß
Vom starren Pol?

Mein Lämpchen will
Verlöschen, und begierig saugt
Der Docht den letzten Tropfen Öl.
Ist so mein Leben auch verraucht?
Eröffnet sich des Grabes Höhl
Mir schwarz und still?

Wohl in dem Kreis,
Den dieses Jahres Lauf umzieht,
Mein Leben bricht. Ich wußt es lang,
Und dennoch hat dies Herz geglüht
In eitler Leidenschaften Drang.
Mir brüht der Schweiß

Der tiefsten Angst
Auf Stirn und Hand. Wie! dämmert feucht
Ein Stern dort durch die Wolken nicht?
Wär es der Liebe Stern vielleicht
Dir zürnend mit dem trüben Licht,
Daß du so bangst?

Horch, welch Gesumm?
Und wieder? Sterbemelodie!
Die Glocke regt den ehrnen Mund.
O Herr, ich falle auf die Knie:
Sei gnädig meiner letzten Stund!
Das Jahr ist um!

HEINRICH HEINE (1797–1856)

Glückwunsch

Paris, 31. Dezember 1842

(...) Ich schreibe diese Zeilen in den letzten Stunden des scheidenden bösen Jahres. Das neue steht vor der Türe. Möge es minder grausam sein als sein Vorgänger! Ich sende meinen wehmütigsten Glückwunsch zum Neujahr über den Rhein. Ich wünsche den Dummen ein bißchen Verstand und den Verständigen ein bißchen Poesie. Den Frauen wünsche ich die schönsten Kleider und den Männern sehr viel Geduld. Den Reichen wünsche ich ein Herz und den Armen ein Stückchen Brot. Vor allem aber wünsche ich, daß wir im neuen Jahr einander so wenig als möglich verleumden mögen.

AUGUST HEINRICH HOFFMANN VON FALLERSLEBEN
(1798–1874)

Das alte Jahr vergangen ist,
Das neue Jahr beginnt.
Wir danken Gott zu dieser Frist,
Wohl uns, daß wir noch sind!
Wir sehn aufs alte Jahr zurück
Und haben neuen Mut:
Ein neues Jahr, ein neues Glück!
Die Zeit ist immer gut.

Ja, keine Zeit war jemals schlecht:
In jeder lebet fort
Gefühl für Wahrheit, Ehr' und Recht
Und für ein freies Wort.
Hinweg mit allem Weh und Ach,
Hinweg mit allem Leid!
Wir selbst sind Glück und Ungemach,
Wir selber sind die Zeit!

Und machen wir uns froh und gut,
Ist froh und gut die Zeit
Und gibt uns Kraft und frohen Mut
Bei jedem neuen Leid.
Und was einmal die Zeit gebracht,
Das nimmt sie wieder hin –
Drum haben wir bei Tag und Nacht
Auch immer frohen Sinn.

Und weil die Zeit nur vorwärts will,
So schreiten vorwärts wir;
Die Zeit gebeut, nie stehn wir still,
Wir schreiten fort mit ihr.
Ein neues Jahr, ein neues Glück,
Wir ziehen froh hinein!
Denn vorwärts, vorwärts, nie zurück!
Soll unsre Losung sein.

JOHANN GABRIEL SEIDL (1804–1875)

Die Uhr

Ich trage, wo ich gehe, stets eine Uhr bei mir;
Wieviel es geschlagen habe, genau seh ich an ihr.
Es ist ein großer Meister, der künstlich ihr Werk gefügt,
Wenngleich ihr Gang nicht immer dem törichten Wunsche genügt.

Ich wollte, sie wäre rascher gegangen an manchem Tag;
Ich wollte, sie hätte manchmal verzögert den raschen Schlag.
In meinen Leiden und Freuden, im Sturm und in der Ruh,
Was immer geschah im Leben, sie pochte den Takt dazu.

Sie schlug am Sarge des Vaters, sie schlug an des Freundes Bahr,
Sie schlug am Morgen der Liebe, sie schlug am Traualtar.
Sie schlug an der Wiege des Kindes, sie schlägt, will's Gott, noch oft,
Wenn bessre Tage kommen, wie meine Seel es hofft.

Und ward sie auch manchmal träger, und drohte zu stocken ihr Lauf,
So zog der Meister immer großmütig sie wieder auf.
Doch stände sie einmal stille, dann wär's um sie geschehn,
Kein andrer, als der sie fügte, bringt die Zerstörte zum Gehn.

Dann müßt ich zum Meister wandern, der wohnt am Ende wohl weit,
Wohl draußen, jenseits der Erde, wohl dort in der Ewigkeit!
Dann gäb ich sie ihm zurücke mit dankbar kindlichem Flehn:
Sieh, Herr, ich hab nichts verdorben, sie blieb von selber stehn.

EDUARD MÖRIKE (1804–1875)

Rückblick

Bei jeder Wendung deiner Lebensbahn,
Auch wenn sie glückverheißend sich erweitert,
Und du verlierst, um Größres zu gewinnen,
– Betroffen stehst du plötzlich still, den Blick
Gedankenvoll auf das Vergangne heftend;
Die Wehmut lehnt an deine Schulter sich

Und wiederholt in deine Seele dir,
Wie lieblich alles war, und daß es nun
Damit vorbei auf immer sei! – auf immer.
Ja, liebes Kind, und dir sei unverhohlen:
Was vor dir liegt von künftgem Jugendglück,
Die Spanne mißt es einer Mädchenhand.

Doch also ward des Lebens Ordnung uns
Gesetzt von Gott; den schreckt sie nimmermehr
Der einmal recht in seinem Geist gefaßt,
Was unser Dasein soll. Du freue dich
Gehabter Freude; andre Freuden folgen,
Den Ernst begleitend; dieser aber sei
Der Kern und sei die Mitte deines Glücks!

*

Herr! Schicke was du willt,
Ein Liebes oder Leides;
Ich bin vergnügt, daß beides
Aus deinen Händen quillt.

Wollest mit Freuden und wollest mit Leiden
Mich nicht überschütten!
Doch in der Mitten
Liegt holdes Bescheiden.

Zum neuen Jahr

Wie heimlicherweise
Ein Engelein leise
Mit rosigen Füßen
Die Erde betritt,
So nahte der Morgen.
Jauchzt ihm, ihr Frommen,
Ein heilig Willkommen,
Ein heilig Willkommen!
Herz, jauchze du mit!
In ihm seis begonnen,
Der Monde und Sonnen
An blauen Gezelten
Des Himmels bewegt!
Du, Vater, du rate!
Lenke du und wende!
Herr, dir in die Hände
Sei Anfang und Ende,
Sei alles gelegt!

⋆

An tausend Wünsche, federleicht,
Wird sich kein Gott noch Engel kehren,
Ja, wenn es soviel Flüche wären,
Dem Teufel wären sie zu seicht.
Doch wenn ein Freund in Lieb und Treu'
Dem andern den Kalender segnet,
So steht ein guter Geist dabei.
Du denkst an mich, was Liebes dir begegnet,
Ob dir's auch ohne das beschieden sei.

HANS CHRISTIAN ANDERSEN (1805–1875)

Wie Satan Macht über den Autor gewinnt

Am Sylvesterabend 1828 saß ich recht allein in meiner kleinen Stube und sah hinaus über die schneebedeckten Dächer der Nachbarhäuser. Da fuhr der böse Geist, der da Satan heißt, in mich und blies mir den sündigen Gedanken ein: werde Schriftsteller!

THEODOR FONTANE (1819–1898)

Unterwegs

Und wieder hier draußen ein neues Jahr –
Was werden die Tage bringen?
Wird's werden, wie es immer war,
Halb scheitern, halb gelingen?

Wird's fördern das, worauf ich gebaut,
Oder vollends es verderben?
Gleichviel was es im Kessel braut,
Nur wünscht' ich nicht zu sterben.

Ich möchte noch wieder im Vaterland
Die Gläser klingen lassen
Und wieder nach des Freundes Hand
Im Einverständnis fassen.

Ich möchte noch wirken und schaffen und tun
Und atmen eine Weile,
Denn um im Grabe auszuruhn,
Hat's nimmer Not und Eile.

Ich möchte leben, bis all dies Glühn
Rückläßt einen leuchtenden Funken
Und nicht vergeht wie die Flamm' im Kamin,
Die eben zu Asche gesunken.

CONRAD FERDINAND MEYER (1825–1898)

Neujahrsglocken

In den Lüften schwellendes Gedröhne,
Leicht wie Halme beugt der Wind die Töne:

Leis verhallen, die zu ersten riefen,
Neu Geläute hebt sich aus den Tiefen.

Große Heere, nicht ein einzler Rufer!
Wohllaut flutet ohne Strand und Ufer.

MATHILDE WESENDONK (1828–1902)

Stehe still!

Sausendes, brausendes Rad der Zeit,
Messer du der Ewigkeit;
Leuchtende Sphären im weiten All,
Die ihr umringt den Weltenball;
Urewige Schöpfung, halte doch ein,
Genug des Werdens, laß mich sein!

Halte an dich, zeugende Kraft,
Urgedanke, der ewig schafft!
Hemmet den Atem, stillet den Drang,
Schweigend nur eine Sekunde lang!
Schwellende Pulse, fesselt den Schlag;
Ende, des Wollens ewger Tag!

Daß in selig süßem Vergessen
Ich mög alle Wonne ermessen!
Wenn Auge in Auge wonnig trinken,
Seele ganz in Seele versinken;
Wesen in Wesen sich wiederfindet,
Und alles Hoffens Ende sich kündet,
Die Lippe verstummt in staunendem Schweigen,
Keinen Wunsch mehr will das Innre zeugen:
Erkennt der Mensch des Ewgen Spur,
Und löst dein Rätsel, heilge Natur!

WILHELM BUSCH (1832–1908)

Zu Neujahr

Will das Glück nach seinem Sinn
Dir was Gutes schenken,
Sage Dank und nimm es hin
Ohne viel Bedenken.

Jede Gabe sei begrüßt,
Doch vor allen Dingen:
Das, worum du dich *bemühst*,
Möge dir gelingen.

Zum Neujahr

Bald wird es zwölfe schlagen.
Prost Neujahr! wird mancher sagen;
Aber mancher ohne rrren!
Denn es gibt vergnügte Herren.

Auch ich selbst, auf meinen Wunsch,
Mache mir ein wenig Punsch. –

Wie ich nun allhier so sitze
Bei des Ofens milder Hitze,
Angetan den Rock der Ruhe
Und die schön verzierten Schuhe,
Und entlocke meiner Pfeife
Langgedehnte Wolkenstreife;
Da spricht mancher wohl entschieden:
Dieser Mensch ist recht zufrieden!
Leider muß ich, dem entgegen,
Schüttelnd meinen Kopf bewegen. –

Schweigend lüfte ich das Glas.
(Ach, wie schön bekömmt mir das.) –

Sonsten, wie erfreulich war es,
Wenn man so am Schluß des Jahres,
Oder in des Jahres Mitten,
Zum bewußten Schrein geschritten
Und in süßem Traum verloren
Emsig den Coupon geschoren;
Aber itzo auf die Schere
Sickert eine Trauerzähre,
Währenddem der Unterkiefer
Tiefer sinkt und immer tiefer. –

Traurig leere ich das Glas.
(Ach, wie schön bekömmt mir das.) –

Henriette, dieser Name
Füllt mich auch mit tiefem Grame.

Die ich einst in leichten Stoffen
Herzbeklemmend angetroffen
Nachts auf dem Kasinoballe;
Sie, die später auf dem Walle
Beim Ziewiet der Philomele
Meine unruhvolle Seele
Hoch beglückt und tief beseligt,
Sie ist anderweit verehlicht,
Ist im Standesamtsregister
Aufnotieret als Frau Pfister,
Und es wird davon gesprochen,
Nächstens käme sie in Wochen. –

Grollend lüfte ich das Glas.
(Ach, wie schön bekömmt mir das.) –

Ganz besonders und vorzüglich
Macht es mich so mißvergnüglich,
Daß es mal nicht zu vermeiden,
Von hienieden abzuscheiden,
Daß die Denkungskraft entschwindet,
Daß man sich so tot befindet,
Und es sprechen dann die Braven:
Siehe da, er ist entschlafen;
Und sie ziehn gelind und lose
Aus der Weste oder Hose

Den geheimen Bund der Schlüssel,
Und man rührt sich auch kein bissel,
Sondern ist, obschon vorhanden,
Friedlich lächelnd einverstanden. –

Schaudernd leere ich das Glas.
(Ach, wie schön bekömmt mir das.) –

Wo wird dann die Seele weilen?
Muß sie sich in Duft zerteilen?
Oder wird das alte Streben,
Hübsche Dinge zu erleben,
Sich in neue Form ergießen,
Um zu lieben, zu genießen
Oder in Behindrungsfällen
Sehr zu knurren und zu bellen?
Kann man, frag ich angstbeklommen,
Da denn gar nicht hinter kommen?
Kommt, o kommt herbeigezogen,
Ihr verehrten Theologen,
Die ihr längst die ewge Sonne
Treu verspundet in der Tonne;
Überschüttet mich mit Klarheit! –
Doch vor allem hoff ich Wahrheit
Von dem hohen Philosophen,
Denn nur er, beim warmen Ofen,
Als der Pfiffige von allen,
Fängt das Licht in Mäusefallen. –

Prost Neujahr! – Und noch ein Glas.
(Ei, wie schön bekömmt mir das!) –

Uh! Mir wird so wohl und helle.
Himmel, Sterne, Meereswelle,
Weiße Möven, goldne Schiffe;
Selig schwanken die Be-jiffe,
Und ich tauche in das Bette
Mit dem Seufzer: Hen-i-jette!

Die Uhren

Es ist Silvester. Eine schlichte Bowle,
Von kluger Hand bereitet, schmückt den Tisch.
Man war bei Piepenbrinks. Herr Piepenbrink,
Frau Piepenbrink und deren Fritz und Julchen,
Welch letztre beiden heute auch noch auf,
Herr Küster Klöppel, treubewährt im Amte,
Aptheker Mickefett, den diese Gegend
Von wegen seiner Pillen höchlich pries –
Dies waren die Personen, welche hier
Zum frohen Jahresschlusse sich versammelt. –
Darüber ist man einig, punkt zwölf
Ein kräftig Prostneujahr sich zuzurufen,
Worauf getreu das Glas zu leeren sei. –
»Nun aber«, spricht Herr Klöppel mit Bedacht,
»Nun aber ist die Frage: Welche Uhr
Soll diesen schönen Augenblick verkünden?«
»Die beste Uhr«, ruft Fritz ein wenig hastig,
»Von allen Uhren ist die Sonnenuhr!«
»Jawohl, mein Sohn!« erwidert Klöppel sanft,
»Die Sonne ist ein pünktlich Element,
Was mit der Dunkelnis von hinnen scheidet.
Insofern kommt sie hier nicht in Betracht.
Dagegen schlag ich unsre Turmuhr vor.« –
Hier lächelt Mickefett verschmitzt und spricht:
»Die Geistlichkeit in Ehren. Doch man sagt,
Ein traulich später Trunk am Samstagabend
Wirkt zögernd auf die Sonntagmorgenglocke.« –
Herr Klöppel schweigt, denn mild ist sein Charakter. –
Nun zieht aus ihres Busens Vorderfalte
Frau Piepenbrink bescheidentlich die Uhr.
Doch Piepenbrink ruft gleich: »Ich bitte Dich,
Laß doch die Uhr im Stall. Fast alle Monat
Muß ich das Dings da reparieren lassen.«
»Nun nun«, spricht sie, »sei nur nicht gleich so rauh!
Ist's doch für uns ein lieblich Angedenken
An jene Zeit, da du mir Treue schwurst.«
»Ahem!« macht Piepenbrink und schaut ins Glas.
»Ach«, seufzt das Julchen, »wie entzückend schön
Wär doch so eine Dose, die so Stücke spielt.«
»Sehr wahr, mein liebes Kind!« entgegnet Klöppel.

»Bewundernswert ist solch ein Kunstgetriebe,
Und gern belauscht man seine Melodien;
Nur lehrt sie uns vielmehr die Zeit vergessen,
Statt sie zu schätzen, wie's die Pflicht der Uhr.
Insofern kommt sie hier nicht in Betracht.«
Jetzt wird der Fritz schon wieder laut: »Ja aber
Beim reichen Schrepper die Pendüle, die...«
»Pst!« fällt ihm Mickefett sogleich ins Wort,
»Das ist 'ne böse Uhr, die nur die Dauer
Des Wehs im Zeh bemißt, die Stunden schlägt,
Wo's Pulver einzunehmen, welche ewig
Eintönig raunt: Klick klack! Die Aktien fallen! –
Da muß ich meine Taschenuhr hier loben.
Sie ist von einem überseeschen Paten...«
»Insofern«, meint Herr Klöppel – »Bitte sehr«,
Fährt jener fort, »sie ist durchaus von Gold...«
»Insofern«, meint Herr Klöppel ernst und kühl,
»Insofern kommt sie hier nicht in Betracht.«
»Und«, fährt Herr Mickefett gelassen fort,
»Und richtig geht sie. – Diesen letzten Herbst
Bin ich mit Munkel dem Kaplan in Straßburg.
Wir hatten gut gelebt, in jeder Hinsicht.
Das Geld war alle, und so wollten wir
Denselben Abend spät noch weitermachen.
Wir stehn so vor dem Münster. Salbungsvoll
Hub Munkel an und sprach: ›Geliebter Freund!
Im Angesichte dieses hohen Tempels
Ermahn ich nochmals dringend dich: Kehr um!
Oh, kehre wieder in den weichen Schoß
Der heilgen Mutter Kirche und vertraue
Dich ihrer altbewährten Führung an!‹
Ich ziehe meine Uhr und sage: ›Munkel,
Es ist ein Viertel zwölf; wir müssen eilen,
Wofern wir nicht den Zug verpassen wollen.‹
Indem so schlägt die Münsterglocke elf.
›Du hörst es!‹ sagt er. ›Hat noch lange Zeit!‹
Na gut, wir bummeln endlich so lala
Zum Bahnhof. Richtig. Tüht! Dort saust er hin!
– Freudlos wär uns die Nacht vergangen, hätt ich
Dem Herbergsvater nicht die Uhr gereicht. –
Seitdem vertrau ich keiner Kirchenglocke.
Und wenn die Engel selbst vom Turme bliesen,
Ich richte mich nach meiner Taschenuhr.« –

Nun aber nimmt Herr Piepenbrink das Wort:
»Ich lobe mir«, so spricht er, »jene Alte,
Die dorten in der Ecke ticktack macht.
Pünktlich um sieben morgens weckt sie uns.
Um achte mahnt sie Fritzen an die Schule.
Zwölfmal mit freudgem Klang allmittaglich
Ruft sie zu Tisch, und jeder folgt ihr gern.
Getreulich zählt sie meiner lieben Frau
Beim Eierkochen die Minuten ab.
Was mich betrifft, so sorgt sie stets dafür,
Daß ich die Zeit des Klubs niemals verfehle.
Und ist die Ruhestunde dann erschienen,
Gewissenhaft um zehne schlägt sie zehn.
So machte sie's gar manches liebe Jahr,
Und keine Seele dachte was dabei,
Und keiner wußte, wie so gut sie war,
Bis daß sie eines Morgens stillestand.
Da wußte man's.« – »Achgott«, fiel Klöppel ein,
»So geht's mit mancher stillbescheidnen Treue.
Allein insofern ...« Baum! Da tönt es ernst
Vom nahen Turme zwölf, und Prostneujahr!
Ruft jeder klangvoll ausgehöhlte Mund
Und leert das Glas. (Zuerst ist Klöppel fertig.)
Hierauf zieht Mutter Piepenbrink die Uhr
Bescheiden aus des Mieders warmer Falte.
»Jetzt ist es zwölf auf meiner!« ruft sie froh
Und wieder folgt ein kräftig Prostneujahr!
»Und jetzt nach meiner!« schreit Herr Mickefett,
Und nochmals schallt der festlich frohe Gruß,
Und nochmals beugt sich jeder gern nach hinten,
Um so das neugefüllte Glas zu leeren.
(Herr Mickefett tut's zweimal hinternander.)
Kaum ist's vollbracht, so fängt es in der alten
Höchst ehrenwerten Wand- und Ticktackuhr
Zu schnurren an, und bemm! und also fort
Dröhnt sie des Jahres letzte Stunde her. –
»Hurrah! und Prostneujahr!« Das klang mal schön. –
Herr Klöppel hält den Ton noch lange aus. –
Fritz trank zu hastig. Drum so muß er auch
Sehr heftig durch die Nase husten, welches
Mama und Julchen recht ins Lachen brachte.
Jedoch der biedre Vater Piepenbrink,
Der sanfte Klöppel, Mickefett der schlaue,

Die tranken kreuzweis ewge Brüderschaft.
So war man froh nach ganz verschiednen Uhren,
Schlief selig dann in ganz verschiednen Betten
(Der Vater und die Mutter ausgenommen)
Und ging des andern Tages, warm bekleidet,
Mit leichtem Schädelbrummen in die Messe.
(Herr Mickefett natürlich ausgenommen.)
Der kramt in der Butike und bereitet
Verdrießlich, doch mit Sorgfalt, einen Bittern.

PAUL VERLAINE (1844–1896)

Für das neue Jahr

Leben, das heißt Sterben, Sterben Geborenwerden,
Sei es psychologisch, sei's auf andre Art.
Und das Jahr – Tag, Stunde, Augenblick –, es ward
Die conditio sine qua non des Seins auf Erden.

Tot ist das alte Jahr, das neue läßt sich sehen
Wie ein Kind, das man vom toten Leib fortnahm
Seiner Mutter, die unglücklich niederkam,
Nur um bald, wie sie, als Mutter hinzugehen.

Neues Leben heißt, dem andern Jahr zu weichen;
Neues Leben, wo? Welch Erd-, welch Himmelskreis
Werden an die Strahlen unsres Fluges reichen?

Wie das neue Jahr in Gott natürlich – Sei's
Fleischgewordene Gestalt von ewigem Leben,
Sei's ein Engel, weiß im Blauen zu verschweben.

FRIEDRICH NIETZSCHE (1844–1900)

In solchen Stunden werden Vorsätze geboren

Brief an Franziska und Elisabeth Nietzsche

Bonn, Ende Dezember 1864

Liebe Mama und Lisbeth, gar zu gern möchte ich Euch einen Neujahrswunsch in Versen zuschicken, da ich Eure Vorliebe dafür kenne, aber es geht halt nimmer! Sei es nun, daß meine Ansprüche an ein Gedicht sehr gestiegen sind, sei es, daß ich um einige Prozent nüchterner und praktischer geworden bin – was gar nicht schaden könnte – sei es endlich, daß die diabolischen Zahnschmerzen, die mich quälen, mir jede Begeisterung verjagen, fest steht, daß Verse mir heute nicht glücken. Darum wird notgedrungen Prosa antreten müssen. Dies zur Erklärung der Form meines Briefs.

Ich liebe die Silvesternächte und die Geburtstage. Denn sie geben uns Stunden, wie man sie sich freilich oft machen kann, aber nur zu selten sich macht, wo die Seele stillesteht und einen Abschnitt der eignen Entwicklung übersehen kann. In solchen Stunden werden entscheidende Vorsätze geboren. Ich pflege dann immer die Manuskripte und Briefe des verflossenen Jahres vorzunehmen und mir einige Notizen zu machen. Man ist für ein paar Stunden erhaben über die Zeit und tritt fast aus der eigenen Entwicklung heraus. Man sichert und verbrieft sich die Vergangenheit und bekommt Mut und Entschlossenheit, wieder weiter seine Bahnen zu gehen. Es ist schön, wenn auf die Entschlüsse und Vorsätze der Seele – gleichsam die erste junge Saat der Zukunft – die Wünsche und Segnungen der Verwandten wie ein milder Regen fallen. Man sollte daraus nur keine Zeremonie machen, keine offizielle Nötigung. Denn wenn schon ein pflichtmäßiger Dank mich unmutig machen kann, wie viel mehr ein pflichtmäßiger Wunsch! Wo man überzeugt sein kann, daß die Seelen gegenseitig innigst zusammenstimmen, da wird der in Worte gefaßte Wunsch zu einer Höflichkeit. Und Höflichkeit geziemt sich für die Gesellschaft, aber nicht für verschlungene Seelen.

Erspart es mir deshalb, die gewöhnliche Formel von Gesundheit, Glück usw. in einer mehr oder weniger neuen Weise auszusprechen. Daß wir uns lieb haben, sehr lieb haben, meine liebe Mama und Lisbeth, das muß uns genügen. Sagt das auch den lieben Tanten. Es ist mir unmöglich zu schreiben.

Nun erzählte ich Euch, was ich erlebt habe. Eigentlich wenig. Ich bin sehr viel zu Hause gewesen und habe mich am Manfred erfreut. Am dritten Feiertag war ich in der Oper und hörte den Freischütz, der mir im ganzen, ebenso wie der Oberon, mißfiel. Die Höllenschluchtszene machte auf mich einen lächerlichen Eindruck. Gestern besuchte ich Doktor Deiters, der mir viel Schumann vorspielte. Zum Neujahr werde ich, Gott sei Dank, nur eine Visite zu machen haben, zu Prof. Schaarschmidts. Die Silvesternacht werde ich zu Hause verleben, wenn anders mich meine Zahnschmerzen nicht verlassen. Diese sind aber gegenwärtig so stark, daß ich während des Schreibens alle Augenblicke haltmachen muß und nur mit der größten Mühe Euch nicht meine Verstimmtheit zeige. Das Zahnfleisch rechts an den letzten Zähnen ist entzündet, und irgendein Zahn hohl, so daß der Nerv inkommodiert wird. Oder ich bekomme dahinten einen Weisheitszahn. Es wird auch nachgerade Zeit.

Abends ist jetzt gewöhnlich einer meiner Bekannten zu Besuch. Die schöne Stolle ist leider schon aufgegessen. Wie habt Ihr denn Euer Weihnachten verlebt? Ich erwarte sehnlichst den ersten Brief, mit dem, wie ich hoffe, zugleich das Geld für das nächste Quartal ankommt. Das erste Quartal hat mir in summa 130 Taler gekostet. Davon fällt nun freilich eine stattliche Portion für die nächsten Vierteljahre fort, da die Gelder für Immatrikulation, Kollegien usw. bedeutend sind. Aber Du siehst, liebe Mama, daß ich mich in Bonn noch mehr einschränken muß. Länger als ein Jahr kann ich es des Geldpunktes halber hier nicht aushalten. Ich bin entschlossen, nachher nach Halle zu gehen und dort zu dienen. Mach Dir nur ja keine Sorgen, ich muß durchkommen. Über Geldsachen schreibe ich nur an den Onkel Bernhard. Aber ich wollte Dir nach dem ersten Quartal doch Nachricht geben. Ich führe genaue Rechnungen. Der durchschnittliche Wechsel in Bonn ist 500–600. Das ist nun alles nicht schön, nicht wahr? Aber ich hätte schon einen besseren Schluß des Briefes machen können, wenn nur die Zahnschmerzen nicht wären. Das schöne Tuch behagt meinem Halse wohl, ebenso die Hosenträger meinem Buckel! *Euer Fritz*

RUDOLF ALEXANDER SCHRÖDER (1878–1962)

Jahrlied

In Finsternis vollendet,
In Dunkelheit erwacht,
Jed Jahr beginnt und endet
Im Schoß der Mitternacht,
Jed Jahr und jeder Tag:
Mit Tag und Jahr im Kreise
Läuft unsres Lebens Reise,
Fragt keinen, ob er mag.

Uns dünkt das Heut geringe,
Das Morgen ungewiß
Im unermessnen Ringe
Umgibt uns Finsternis.
Wer weiß, woher er kam,
Wer kennt, wohin wir wandern,
Wenn unser Jahr mit andern
Den letzten Abschied nahm?

Drum wendet euch nach oben
– Schon rückt der Zeiger sacht –
Mit Danken und mit Loben
Zum Herrn der Mitternacht.
Gegrüßet, ewig Licht,
Das wir im Finstern ahnen,

Da noch kein Ruf des Hahnen
Vom neuen Morgen spricht.
Den Morgen sonder Ende,
Den Abend sonder Nacht,
Tag ohne Wank und Wende,
Begrüßet ihn und wacht.
Ihr steht im Gnadenschein,
Laßt ihn in euch gewähren,
So tritt das Jahr des Herren
In euer Jahr herein.

Zum neuen Jahr

In Finsternis geboren,
Dem Lichte zugewandt,
Geht aus verschwiegnen Toren
Das neue Jahr ins Land.
Vor Morgengraun,
In starkem Frost und Eise
Beginnt die Reise:
Jed Jahr will seinen Frühling schaun.

Es kommt aus Gottes Händen,
In ihm wird's offenbar;
In Gott wird selig enden
Dies Jahr und alles Jahr.
Der jedes Haar
Auf deinem Haupt gezählet,
Was jedem fehlet,
Nahm Gott, bevor wir warden, wahr.

Ein Jahr muß bald veralten,
Kennt seine Stätte nicht,
Fährt hin mit Winds Gewalten,
Wir haben's Zuversicht.
Gott schickt den Tod,
Den Boten stark von Schwingen,
Uns heimzubringen
Aus aller Feindschaft, Fahrt und Not.

Wir werfen unsre Sorgen
Auf ihn und glauben fest,
Daß Gott uns heut und morgen
Und ewig nicht verläßt.
Das bängste Leid,
Die längste Not hienieden
Dünkt eitel Frieden
Vorm Antlitz seiner Herrlichkeit.

*

Wir harren, Geist, in dunkler Zeit;
Gib deinen Stern uns zum Geleit
Auf winterlichem Feld.
Du kamest sonst doch Jahr um Jahr;
Nimm heut auch unsrer Armut wahr
In der verworrnen Welt.
Es geht uns nicht um bunten Traum
Von Kinderlust und Lichterbaum;
Wir bitten: Blick uns an,
Und laß uns schaun dein Angesicht,
Drin jedermann, was ihm gebricht,
Gar leicht verschmerzen kann.
Es darf nicht immer Friede sein;
Wer's recht begriff, der gibt sich drein.
Hat jedes seine Zeit.
Nur deinen Frieden, lieber Herr,
Begehren wir je mehr und mehr,
Je mehr die Welt voll Streit.

AUS EINEM BERICHT VON 1863:

Du neues Jahr . . .

Setze dem Überfluß Grenzen und lasse die Grenzen überflüssig werden.
Lasse die Leute kein falsches Geld machen, aber auch das Geld keine falschen Leute.
Nimm den Ehefrauen das letzte Wort und erinnere die Ehemänner an ihr erstes.
Schenke unseren Freunden mehr Wahrheit und der Wahrheit mehr Freunde.
Bessere solche Beamten, Geschäfts- und Arbeitsleute, die wohl feil, aber nicht wohlfeil, die wohl tätig, aber nicht wohltätig sind.
Sorge dafür, daß wir alle in den Himmel kommen, aber noch lange nicht.

JOACHIM RINGELNATZ (1883–1939)

Silvester

Daß bald das neue Jahr beginnt,
Spür ich nicht im geringsten.
Ich merke nur: Die Zeit verrinnt
Genauso wie zu Pfingsten,

Genau wie jährlich tausendmal.
Doch Volk will Griff und Daten.
Ich höre Rührung, Suff, Skandal,
Ich speise Hasenbraten.

Mit Cumberland, und vis-à-vis
Sitzt von den Krankenschwestern
Die sinnlichste. Ich kenne sie
Gut, wenn auch erst seit gestern.

Champagner drängt, lügt und spricht wahr.
Prosit, barmherzige Schwester!
Auf! In mein Bett! Und prost Neujahr!
Rasch! Prosit! Prost Silvester!

Die Zeit verrinnt. Die Spinne spinnt
In heimlichen Geweben.
Wenn heute nacht ein Jahr beginnt,
Beginnt ein neues Leben.

ERNST BLOCH (1885–1977)

Landschaft um Silvester und Neujahr

Es macht sonst heiter, von unserer Frühe zu sprechen. Das merken Freunde, wenn sie sich an ihren jungen Tag erinnern, an Lehrer, die nicht mehr sind. Haben sie sich lange nicht gesehen, so können sie auf diese Weise wieder miteinander anfangen zu leben, man reist gemeinsam zurück. Dorthin, wo sich erinnert, was am Weg oft kaum erst dämmerte. Da kann gemütlich und bald schal, kann auch echt sein, die Stoffe geben etwas aus.

Was sie geben, war dann von vornherein schon wie Leben für später. Der graue Morgen, wenn man zur Schule ging, der nüchterne Mittag, der ermüdete Abend, wenn man sie verließ. Die Angst der Sache erreicht einen nicht mehr, sie ist zu den Freuden gestoßen und oft kaum von ihnen unterscheidbar. Die Angst ist nur noch im Traum, dort greifen ihre Bilder noch an Ort und Stelle nach uns. In der wachen Erinnerung, vor allem der gemeinsamen, ist das Böse fast gepreßt und ausgetrocknet, liegt neben dem Guten so unschädlich und interessant wie Giftpflanzen neben heilenden in den Blättern. Reise in die Jugend hat ihre Fälschungen, sie gibt erst recht freilich Spielzeug für Erwachsene, Weihnachtsbücher aus dem eigenen Leben.

Fährt man aber weiter hinaus, so wirken diese Anfänge nicht nur als fröhlich. Vom eigenen Leben ist dann nicht die Rede, wohl aber von dem draußen dämmernden, auch streunenden, dem man in der Jugend und durch sie nicht eingebunden, sondern offen begegnet. Genau um Weihnacht läßt sich in diese Gegend kommen, und zwar buchstäblich, nämlich in die Landschaft dieser Tage selber. Dann entsteht nicht bloß persönliche Erinnerung, vielmehr mit ihr und durch sie erscheint das, was mitten im Schulwegdämmer, am Zeigerstand der Turmuhr dreiviertel Stund vor Tag Leben für später ansetzte, objekthaft an Ort und Stelle. Erscheint vorzüglich in der Landschaft des Silvester, wo die Natur selbst wie das finstere Gebälk einer Turmuhr wird, mit neu anzuhebender Zeit. Kaum vom Fleck der verlassenen Jugend wegbewegt, läuft mitten in der Weihnachtszeit, erst recht am Altjahrsabend ein Stück Frühnatur, unerhellter Dämmernatur im Glockenstuhl der Welt. Das Leben, zu welchem solch Datum ein Schlüssel wird, dieses Leben aber ist, als in wirkliche Anfänge versenkt, nicht fröhlich, sondern betroffen, betreffend, uns in der verstecktesten Freude betreffend, und zwar so wie in späteren Lebensjahren und Jahreszeiten keines mehr. Das Thema ist nicht Weihnacht, sondern Silvester, und hier ist kein bloßes Vakuum eines gläubigen *Festes* gekommen, wie das mit Weihnacht, auch Ostern und Pfingsten heute oft der Fall ist. Sondern Silvester war immer eine merkwürdige, christlich unbetonte, vom Weihnachtsfest der aufsteigenden Sonne ersetzte und doch unersetzte Zeit, der ein Vakuum in der *Jahreszeit* selber entsprach, ja im höchst unerloschenen, allen Menschen merkbaren Chok des *Naturgangs*. Gerade im Hohlraum unserer heutigen Tage, der keinen müßigen Hauch, kein verlogenes Fest mehr erlaubt, ist nicht minder ein Sprung von Zusammenhängen und Gewordenheiten; und dieser kann so gebärend sein, daß kein Hauch müßig bleibt, kein Gedicht ganz einsam, kein Gedanke skurril, der seine Betroffenheit ausdrückt, als welche gerade von Ursprungs-Gestalten des noch Ungewordenen herkommt und daher auch am *Silvestereinbruch der nackten Zeit in den gewordenen Raum* ein zentrales Bild ihrer selbst, im Rahmen der Natur, hat. Ganz gleichgültig ist hierbei, daß der 31. Dezember nachdatiert ist, statt daß Neujahr, astronomisch richtig, zehn Tage früher begänne. Läuten die Glocken des Umschlags später als sie angezogen wurden, so kommt es hier auf die entstandene Qualität der Sache und ihres Brauchs an, nicht auf die mechanische Auslösung. Also spürt der Bewohner der erwachsenen und künstlichen Stadt in diesen Tagen, mitgenommen, an Anfänge gefahren worden zu sein. Das Volk knallt, wenn auch gegen niemand, auf der Straße, die Familien trinken sich Zukunft, immerhin Zukunft, und die Glocken läuten mit der neuen Jahrzahl einen deutlichen Umschwung des Lichts an. Ums Jahresende gibt es Kalendermenschen, auch wenn sie es das Jahr über nur ungefähr oder somatisch waren; sind die Christbäume den meisten tot, so die Silvesterglocken nicht, welche außer der eines Wunschtraums keine Religion haben, also auch mit keiner entzaubert werden konnten. Im Gebälk dieser Landschaft steht die Zeit einen Augenblick auf der Waage; eine Produktivkraft der Natur, nämlich das auf der Erde wieder ansteigende Licht, wird Fortuna, und sie zeigt den Menschen – im eindrucksvollen Symbol dieses Augenblicks – das Gegenbild des Schicksals, nämlich ihre Unentschiedenheit, Beherrschbarkeit. Zwar springt die Zeit immer wieder in den alten Kreislauf zurück, die Geschichte nimmt ohnehin nicht an solchen natürlichen Einschnitten teil und der Naturraum hat noch keine mit den Menschen vermittelte Geschichte; doch er hat im Silvester von der Zeit ihre besten Augenblicke und ohne das sonstige Gleichmaß des Gewordenen. Das Buch der Natur, es mag in Zahlen geschrieben sein, ihr Weihnachtsbuch, am Jahresende gelesen, lieber in Märchenelementen und kleinen wetterhaltigen Chiffern.

ERNST WIECHERT (1887–1950)

Das neue Jahr

Wir wollen still beginnen
das neue, dunkle Jahr,
das alte hat gegeben,
was süß und bitter war.

Es hat uns tief gezeichnet
wie einen Baum im Wald,
und ferner, immer ferner
die helle Axt noch hallt.

Noch gehn durch unsre Kronen
die Winde fern und groß,
doch tropft aus unsren Zeichen
das Harz ins dunkle Moos.

Nun wird es sich erweisen
wie tief die Schneide schlug,
und ob das alte Jahr uns
die letzten Früchte trug.

Noch nisten stille Vögel
in unsrer grünen Welt...
o laßt die Jungen singen,
bevor die Krone fällt!

Du Jahr der auferweckten Toten,
noch einmal nehm' ich deine Hand:
du warst das Kreuz auf meinen Broten,
du warst das Gold in meinem Sand.

Du beugtest tief mir meinen Nacken,
bis ich im Staube mich gemüht,
und hast aus allen dunklen Schlacken
das letzte Erz mir ausgeglüht.

Die Flügel deiner Mühlen schwangen
bis in das letzte Abendrot:
dann habe ich es still empfangen,
das letzte Salz, das letzte Brot.

Mir ist, als ob ich strahlend stände
schon jenseits Urteil und Gericht,
und wo mein Weg sich immer wende:
ich schreite wie ins Sternenlicht.

Kommt der Herbst, so mußt du wenden
still dein Herz zur Kinderzeit,
denn die Falten auf den Händen
künden die Vergänglichkeit.

Wenn sie vor den Fenstern lärmen
von der neuen Zeit und Welt:
laß dein Herz sich nicht mehr härmen,
sieh, dein Acker ist bestellt.

Knüpfe, was du auch gewonnen,
an den Anfang dir zurück;
nur was still sich fortgesponnen,
ist dir Ernte, Lohn und Glück.

Sieh dich wachsen, sieh dich wenden
aus den ersten Kinderschuh'n,
mehr gewinnst du nicht auf Erden,
als das dir Gesetzte tun.

Wenn auch tausend Stühle weben
Menschenglanz und Menschenpracht:
golden steht dein Kinderleben
vor der letzten dunklen Nacht.

KURT TUCHOLSKY (1890–1935)

Silvester

So viel Tage zerronnen,
so viel Monate fliehn;
stets etwas Neues begonnen,
dorrt es unter der Sonnen...
  Hexenkessel Berlin!

Ich, der Kalendermacher,
blick nachdenklich zurück.
Mal ein Hieb auf den Schacher,
mal auf den Richter ein Lacher –
  Aber wo blieb das Glück?

Schau, sie sind kaum zu belehren.
Denken nur merkantil.
Halten den Dollar in Ehren,
können ihn nicht entbehren –:
  Liebliches Börsenspiel.

Mädchen – euch halten die Schieber!
Denn sie sind obenauf.
Geist –? Es ist euch viel lieber
Lack und Erfolg und Biber –
  Das ist der Welten Lauf.

Nur mit dem Armband bekleidet
wandelt Melpomene.
Börsenfaun, er entscheidet,
woran die Loge sich weidet –:
  kugeliges Dekolleté.

Wie verbring ich Silvester?
Gib mir dein blondes Haar.
Fasse die Arme mir fester,
gib dich, du liebliche Schwester –
  woll aus deinen Händen
  Nacht und Entzücken mir spenden
  und ein besseres, anderes Jahr!

Silvester

Was fange ich Silvester an?
Geh ich in Frack und meinen kessen
blausanen Strümpfen zu dem Essen,
das Herr Generaldirektor gibt?
Wo man heut nur beim Tanzen schiebt?
    Die Hausfrau dehnt sich wild im Sessel –
    der Hausherr tut das sonst bei Dressel –,
    das junge Volk verdrückt sich bald.
    Der Sekt ist warm. Der Kaffee kalt –
            Prost Neujahr!
        Ach, ich armer Mann!
    Was fange ich Silvester an?

Wälz ich mich im Familienschoße?
Erst gibt es Hecht mit süßer Sauce,
dann gibts Gelee. Dann gibt es Krach.
Der greise Männe selbst wird schwach.
    Aufsteigen üble Knatschgerüche.
    Der Hans knutscht Minna in der Küche.
    Um zwölf steht Rührung auf der Uhr.
    Die Bowle –! (›Leichter Mosel‹ nur –).
            Prost Neujahr!
        Ach, ich armer Mann!
    Was fange ich Silvester an?

Mach ich ins Amüsiervergnügen?
Drück ich mich in den Stadtbahnzügen?
Schrei ich in einer schwulen Bar:
»Huch, Schneeballblüte! Prost Neujahr –!«
    Geh ich zur Firma Sklarz Geschwister –
    (Nein, nein – ich bin ja kein Minister!)
    Bleigießen? Ists ein Fladen klein:
    Dies wird wohl Deutschlands Zukunft sein...
            Prost Neujahr!
        Helft mir armem Mann!
    Was fang ich bloß Silvester an –?

(Einladungen dankend verbeten.)

Das Ideal

Ja, das möchste:
Eine Villa im Grünen mit großer Terrasse,
vorn die Ostsee, hinten die Friedrichstraße;
mit schöner Aussicht, ländlich-mondän,
vom Badezimmer ist die Zugspitze zu sehn –
aber abends zum Kino hast dus nicht weit.

Das Ganze schlicht, voller Bescheidenheit:

Neun Zimmer, – nein, doch lieber zehn!
Ein Dachgarten, wo die Eichen drauf stehn,
Radio, Zentralheizung, Vakuum,
eine Dienerschaft, gut gezogen und stumm,
eine süße Frau voller Rasse und Verve –
(und eine für Wochenend, zur Reserve) –,
eine Bibliothek und drumherum
Einsamkeit und Hummelgesumm.

Im Stall: Zwei Ponies, vier Vollbluthengste,
acht Autos, Motorrad – alles lenkste
natürlich selber – das wär ja gelacht!
Und zwischendurch gehst du auf Hochwildjagd.

Ja, und das hab ich ganz vergessen:
Prima Küche – erstes Essen –
alte Weine aus schönem Pokal –
und egalweg bleibst du dünn wie ein Aal.
Und Geld. Und an Schmuck eine richtige Portion.
Und noch ne Million und noch ne Million.
Und Reisen. Und fröhliche Lebensbuntheit.
Und famose Kinder. Und ewige Gesundheit.

Ja, das möchste!

Aber, wie das so ist hienieden:
manchmal scheints so, als sei es beschieden
nur pöapö, das irdische Glück.
Immer fehlt dir irgendein Stück.
Hast du Geld, dann hast du nicht Käten;
hast du die Frau, dann fehl'n dir Moneten –

hast du die Geisha, dann stört dich der Fächer:
bald fehlt uns der Wein, bald fehlt uns der Becher.

Etwas ist immer.

Tröste dich

Jedes Glück hat einen kleinen Stich.
Wir möchten so viel: Haben. Sein. Und gelten.
Daß einer alles hat:
das ist selten.

HERMANN HILTBRUNNER (1893–1961)

Herr der Stunden, Herr der Tage,
sieh, wir stehn in deiner Hand;
aus dem Meer von Leid und Klage
führe uns auf festes Land.

Herr der Tage, Herr der Jahre,
dieser Erde Zwischenspiel,
wende es ins Wunderbare,
weis uns aller Ziele Ziel.

Herr der Jahre, Herr der Zeiten,
dir sind wir anheimgestellt;
wollest unsre Schritte leiten,
Herr der Menschen, Herr der Welt.

BERTOLT BRECHT (1898–1956)

Friedenslied

(Frei nach Neruda)

Friede auf unserer Erde!
Friede auf unserem Feld!
Daß es auch immer gehöre
Dem, der es gut bestellt!

Friede in unserem Lande!
Friede in unserer Stadt!
Daß sie den gut behause
Der sie gebauet hat!

Friede in unserem Hause!
Friede im Haus nebenan!
Friede dem friedlichen Nachbarn
Daß jedes gedeihen kann!

Friede dem Roten Platze!
Und dem Lincolnmonument
und dem Brandenburger Tore
Und der Fahne, die drauf brennt!

Friede den Kindern Koreas!
Und den Kumpels an Neiße und Ruhr!
Friede den New Yorker Schofflören
Und den Kulis von Singapore!

Friede den deutschen Bauern!
Und den Bauern im Großen Banat!
Friede den guten Gelehrten
Eurer Stadt Leningrad!

Friede der Frau und dem Manne!
Friede dem Greis und dem Kind!
Friede der See und dem Lande
Daß sie uns günstig sind!

An die Nachgeborenen

I

Wirklich, ich lebe in finsteren Zeiten!
Das arglose Wort ist töricht. Eine glatte Stirn
Deutet auf Unempfindlichkeit hin. Der Lachende
Hat die furchtbare Nachricht
Nur noch nicht empfangen.
Was sind das für Zeiten, wo
Ein Gespräch über Bäume fast ein Verbrechen ist
Weil es ein Schweigen über so viele Untaten einschließt!
Der dort ruhig über die Straße geht
Ist wohl nicht mehr erreichbar für seine Freunde
Die in Not sind?

Es ist wahr: ich verdiene noch meinen Unterhalt
Aber glaubt mir: das ist nur ein Zufall. Nichts
Von dem, was ich tue, berechtigt mich dazu, mich
sattzuessen.
Zufällig bin ich verschont. (Wenn mein Glück aussetzt, bin
ich verloren.)

Man sagt mir: Iß und trink du! Sei froh, daß du hast!
Aber wie kann ich essen und trinken, wenn
Ich dem Hungernden entreiße, was ich esse, und
Mein Glas Wasser einem Verdurstenden fehlt?
Und doch esse und trinke ich.

Ich wäre gerne auch weise.
In den alten Büchern steht, was weise ist:
Sich aus dem Streit der Welt halten und die kurze Zeit
Ohne Furcht verbringen
Auch ohne Gewalt auskommen

Böses mit Gutem vergelten
Seine Wünsche nicht erfüllen, sondern vergessen
Gilt für weise.
Alles das kann ich nicht:
Wirklich, ich lebe in finsteren Zeiten!

II

In die Städte kam ich zur Zeit der Unordnung
Als da Hunger herrschte.
Unter die Menschen kam ich zu der Zeit des Aufruhrs
Und ich empörte mich mit ihnen.
So verging meine Zeit
Die auf Erden mir gegeben war.

Mein Essen aß ich zwischen den Schlachten
Schlafen legte ich mich unter die Mörder
Der Liebe pflegte ich achtlos
Und die Natur sah ich ohne Geduld.
So verging meine Zeit
Die auf Erden mir gegeben war.

Die Straßen führten in den Sumpf zu meiner Zeit.
Die Sprache verriet mich dem Schlächter.
Ich vermochte nur wenig. Aber die Herrschenden
Saßen ohne mich sicherer, das hoffte ich.
So verging meine Zeit
Die auf Erden mir gegeben war.

Die Kräfte waren gering. Das Ziel
Lag in großer Ferne
Es war deutlich sichtbar, wenn auch für mich
Kaum zu erreichen.
So verging meine Zeit
Die auf Erden mir gegeben war.

III

Ihr, die ihr auftauchen werdet aus der Flut
In der wir untergegangen sind
Gedenkt
Wenn ihr von unseren Schwächen sprecht
Auch der finsteren Zeit
Der ihr entronnen seid.
Gingen wir doch, öfter als die Schuhe die Länder wechselnd
Durch die Kriege der Klassen, verzweifelt
Wenn da nur Unrecht war und keine Empörung.

Dabei wissen wir doch:
Auch der Haß gegen die Niedrigkeit
Verzerrt die Züge.
Auch der Zorn über das Unrecht
Macht die Stimme heiser. Ach, wir
Die wir den Boden bereiten wollten für Freundlichkeit
Konnten selber nicht freundlich sein.

Ihr aber, wenn es so weit sein wird
Daß der Mensch dem Menschen ein Helfer ist
Gedenkt unsrer
Mit Nachsicht.

ERICH KÄSTNER (1899–1974)

Zum neuen Jahr

»Wird's besser? Wird's schlimmer?«
fragt man alljährlich.
seien wir ehrlich:
Leben ist immer
lebensgefährlich.

Hat jeder seinen Punsch?

Neujahrsrede auf dem Balkon

Liebe Freunde! Es ist wieder einmal soweit. Die Glocken erklingen. Auf Mittelwelle. Die Glocken von Köln, Reims, Ulm, Chartres, Rom, Wien und Westminster. Der Empfang ist hervorragend, nicht? Als ob man gleichzeitig überall wäre! Was sagen Sie? Die Glocken unserer Pfarrkirche nebenan läuten auch? Was Sie nicht sagen! Haben Sie übrigens gelesen, daß sich die Gemeinde von Zwischenkiefersfelden eine Lautsprecheranlage gekauft hat? Und ein Tonband mit dem Glockengeläute des Mailänder Doms? Das ist billiger als eigne Glöckchen. Und macht mehr her. Tja. O du fröhliche, o du selige alexandrinische Neujahrszeit! Hat jeder seinen Punsch? Dann laßt uns den Balkon beschreiten! Hinaus auf den Balkon! Hinein ins neue Jahr! Zuvor pflücke sich jeder eine Eisblume vom Fenster! Den Herren ins Knopfloch! Den Damen ins Haar! Ready? Na denn. Nach Ihnen, Frau Direktor! Fallen Sie nicht über den Christbaum! Wir mußten ihn hinaustun. Schon am zweiten Feiertag gingen ihm die Haare aus. Trilysin für Christbäume gibt's noch nicht. Na, das kommt noch. So sicher wie der Reißverschluß für künstliche Kachelöfen. Der Fortschritt schreitet fort. Wo sollte er sonst auch hin? Es schneit sogar ein bißchen! Wunderbar, diese Natur! Und tatsächlich! Drüben vom Kirchturm läutet's! Reims klingt allerdings besser. Das muß man Reims lassen. Na ja. Herr Doktor Stopfkuchen beniest es. Prost, Stopfkuchen! Und überhaupt und allerseits: Prosit! Auf gut deutsch: Es möge nützen! Anna! Schenken Sie nach! Ich will eine Rede halten! Eingedenk der unwiderlegbaren Bemerkung Ciceros in De senectute: »Reden sind dazu da, daß sie gehalten werden.« Das Wichtigste beim Reden einer Rede ist die Disposition. Beim Einläuten eines neuen Jahrs bieten sich, praeter propter, vier Möglichkeiten. Betrachten wir sie näher! Möglichkeit Nummer I lautet: Das alte Jahr war schlimm, das neue kann nur besser werden. Dieser Gesichtspunkt hat manches für sich. Möglichkeit Nummer II heißt: Das alte Jahr war gut, das neue kann nur ärger geraten. Auch eine solche Behauptung ist nicht von der Hand zu weisen. Möglichkeit Nummer III besagt: Das alte Jahr war gut, das neue wird noch besser. Möglichkeit Nummer IV kehrt den Satz ins Gegenteil und lautet: Das alte Jahr war arg genug, doch das neue wird noch viel schlimmer werden. Und man muß zugeben, daß auch diesen beiden Möglichkeiten eine gewisse Berechtigung nicht abgesprochen werden kann. Prosit! Anna! Schenken Sie nach! Vier Möglichkeiten, das neue Jahr zu begrüßen. Vier wackre Gesichtspunkte, liebe Freunde. Einen einzigen zu wählen wäre unbillig. Um alle vier zu berücksichtigen, dafür ist es zu kalt. Da ich gerecht sein möchte und nicht will, daß wir uns erkälten, wird es das beste sein, wenn schon nicht auf die Rede, so doch auf eine Disposition zu verzichten. Prosit! Anna! Schenken Sie nach! Die Ruine gegenüber hat etwas Faszinierendes, finden Sie nicht? In silbernes Mondlicht getaucht. Märchenhaft. Und aus dem Schornstein, der versehentlich stehen geblieben ist und mich manchmal an einen erhobenen Zeigefinger erinnert, steigt Rauch in den Himmel. Das muß Sie nicht wundern. Im Keller wohnen ein paar Leute. Arme Leute, ja. Aus Böhmen. Seit sieben Jahren. Sie leben mit der Ruine um die Wette. Das heißt, die Eltern des Einbeinigen sind mittlerweile gestorben. Aber es sind Kinder da. Tja, im Keller geboren. Die Menschheit ist nicht totzukriegen. Darauf müssen wir anstoßen. Anna! Schenken Sie nach! Prosit, liebe Freunde! Auf gut deutsch: Es möge nützen! Was sagen Sie? Fein! Alle mal herhören: Der Kaffee steht auf dem Tisch! Mit Christstollen! Nach altem Dresdner Rezept! Man muß ihn in nasse Tücher wickeln. Das ist das ganze Geheimnis. Und mit viel Butterschmalz backen. Klar. Glücklicherweise gibt's das ja alles wieder. Dann also, hinein in die gute Stube! Ich komme gleich nach. Will nur rasch noch dem Mond gute Nacht sagen! Alte Gewohnheit von mir! Der Hausherr zum Mond: »Gute Nacht, du alter Geselle!« Der Mond zum Hausherrn: »Glückliches neues Jahr, Herr Mittenzwei!«

ROSE AUSLÄNDER (* 1901)

Neujahr II

Es schneit
Neujahrswünsche

Briefvögel
aus aller Welt
kommen geflogen

Boten
bringen Geschenke

Wir freuen uns zurück
ins vergessene Land

hören wieder die Worte
»Liebe deinen Nächsten
wie dich selbst«

WERNER FINCK (1902–1978)

Silvesterrede 1945

Und dann kam der letzte Abend des Jahres 0.
Ein Jahr ist wieder einmal unterm Hammer: »Tausendneunhundertfünfundvierzig zum ersten...« keiner bietet mit. »Zum zweiten – und zum...«
»Neunzehnhundertsechsundvierzig!« ruft endlich einer. Und dann alle: »Neunzehnhundertsechsundvierzig!«
Können wir Deutschen diesem fünfundvierzigsten Produkt des zwanzigsten Jahrhunderts eine Träne nachweinen? Nein, denn wir haben keine mehr.
Mit diesem Jahr, meine lieben Freunde, geht ja so sehr viel mehr zu Ende als ein Jahr. (Wer rief da eben: Unsere Vorräte? Die gehen wohl erst im nächsten zu Ende.) Ich wollte sagen, nicht ein Jahr allein, sondern zweimal sechs Jahre sind abgelaufen. Sechs Jahre Frieden! (Ah, man hat vergessen, Denkmäler zu errichten für die Gar-nicht-genug-Krieger dieser Friedensjahre, Kriecherdenkmäler...) Und sechs Jahre Krieg. Gegen Europa sind wir damals ausgezogen, für Europa werden wir jetzt ausgezogen.
Am Anfang dieses Jahres waren wir noch reich. Ich buchstabiere jenes Reich: R wie Ruhmsucht, E wie Eitelkeit, I wie Irrtum, C wie Cäsarenwahn, H wie Heroeninflation. Jetzt am Ende sind wir das Gegenteil von reich. Es ist längst Wirklichkeit geworden, was vor ein paar Jahren als Flüsterwitz kursierte: Daß ein Optimist gesagt: »Nach dem Kriege werden wir alle betteln gehen«, und ein Pessimist geantwortet hätte: »Bei wem denn?« O du traurige, o du armselige, schadenbringende Nachkriegszeit.
Unser Schicksal steht auf der Kippe, und vielen wird die Kippe zum Schicksal. Und wenn sie nur zu einem Zuge reicht, so ist das gleich ein Luxuszug, der durch die Lunge fährt wie durch die Riviera. (Ein neuer Opernfilmstoff für Leni Riefenstahl: »Tiefstand«.)
Alles stockt. Unser Absatzmarkt ist hin. Das einzige, was noch laufend abgesetzt wird, sind Pg's. Aber deren Devisen sind nun nichts mehr wert. (Wir kapitulieren nie! Der Sieg ist unser! Sieg oder Tod!) Nur die Schieber kommen voran, und nichts ist sicher vor ihnen. (Sollten heuer nicht sogar schon die Wahlen verschoben werden?) Wie wollen wir da unsere Schulden bezahlen?

Die Optimisten in Reinkultur singen zwar: »Es geht Dalles vorüber, es geht Dalles vorbei.« Aber die Pessimisten singen: »Wien, Wien, nur du allein, willst einen Siebzigmilliardenschein.« – O jeggerl, das Weaner Herz schlägt eisern zu. Wir sollen's wieder golden machen. Wenn uns dieser Phantasiepreis nur damals schon gesagt worden wäre – wahrhaftig, wir hätten ihnen ihren starken Mann aus Braunau bestimmt nicht abgenommen!

»Aber wir kommen schon wieder hoch«, sagte der Steuermann des gestrandeten Luftschiffes, als es explodierte.

»Es wird schon gehen«, sagte der Draufgänger und ging drauf.

Es wird noch manches Kopfzerbrechen geben über diese Frage, und wir Teutonen sind nun mal dran gewöhnt, eher einander die Schädel als einen vernünftigen Weg einzuschlagen.

Nun kommen sie auch schon wieder mit Ränken und Listen. Hie Föderalisten, hie Zentralisten. (Im Hintergrund mit Blechbrust und Schienen erscheinen Guelfen und Ghibellinen.)

Wollen wir nicht noch rasch ein Silvesterspielchen machen? Ich schlage das Echospiel vor vom »Bürgermeister von Wesel«.

Alter Scherz wird wieder jung. Mach doch mal einer die Türe auf zu diesem langen Gewölbe. Und jetzt rufen wir: »Wesel!« (Habt ihr's gehört: »Esel«.) Nunmehr soll uns dieses Echo ein paar Fragen beantworten:

»Was könnte uns ein Zentner Zigaretten?« (Hört ihr's? »Retten.«)

»Was wäre Deutschland heute ohne Rosenberg und Streicher?« (»Reicher.«)

Aber still, lärmt es nicht schon draußen? Wieviel ist jetzt die Uhr? Verzeihung, ich vergaß – wir haben ja kaum noch welche. Früher gingen uns allenfalls die Uhren nach, jetzt gehen wir dafür den Uhren nach. Ei, so müssen wir eben aufpassen, was die Glocke geschlagen hat. Läuten sie nicht schon? Nein. Dann ist noch Zeit für eine kurze innere Sammlung. Endlich wieder einmal eine Sammlung, die restlos dem Friedenswerk zugeführt werden kann. Seid ihr gesammelt? So lasset uns deklinieren: »Der Mut, des Mutes, Demut.« So schnell und leicht wandelt sich das Glanzstück des Heldenstücks zum Hauptstück des Christentums, wenn der Humor die kleine Beugung des Mutes vornimmt. Mit Demut wollen wir uns –

fast hätte ich gesagt: erheben. Das ist aber hierzulande ein zu gefährliches Stichwort für unsere Massen. Laßt uns also lieber sanft aufstehen von unsern bescheidenen Plätzen und unsere Bezugsscheine feierlich in die Hand nehmen, unsere Berechtigungsscheine für ein Sektglas. Noch nie waren wir so vorbereitet, das neugeborene Jüngste des alten Chronos trockenzulegen, ja trocken wie Henkell.
(Wein, Wein nur du allein, brächtest uns selig ins Neujahr hinein.)
Das Alte stürzt, und neues Leben – wollen wir hoffen. Aber wenn wir Pech haben, blühen uns neue Ruinen.
Hört, liebe Freunde, sie rufen es jetzt aus, das neue Jahr. Die Toren johlen und jubeln. Die Weisen lächeln und zittern.
Sei gegrüßt 1946! (Du hast eine angenehme Lizenznummer. Mit einer geraden Quersumme. Deine Vorderbeinchen ergeben eine Zehn und deine Hinterbeinchen auch eine.)
Laß uns in Frieden! Wende unsere Not, gib uns neue Illusionen!
Du sollst leben: Neunzehnhundertsechsundvierzig! Wovon allerdings, das wissen Gott allein und der Kontrollrat.

JOCHEN KLEPPER (1903–1942)

Neujahrslied

Der du die Zeit in Händen hast,
Herr, nimm auch dieses Jahres Last
und wandle sie in Segen.
Nun von dir selbst in Jesus Christ
die Mitte fest gewiesen ist,
führ uns dem Ziel entgegen.

Da alles, was der Mensch beginnt,
vor seinen Augen noch zerrinnt,
sei du selbst der Vollender!
Die Jahre, die du uns geschenkt,
wenn deine Güte uns nicht lenkt,
veralten wie Gewänder.

Wer ist hier, der vor dir besteht?
Der Mensch, sein Tag, sein Werk vergeht:
nur du allein wirst bleiben.
Nur Gottes Jahr währt für und für,
drum kehre jeden Tag zu dir,
weil wir im Winde treiben.

Der Mensch ahnt nichts von seiner Frist.
Du aber bleibest, der du bist,
in Jahren ohne Ende.
Wir fahren hin durch deinen Zorn,
und doch strömt deiner Gnade Born
in unsere leeren Hände.

Und diese Gaben, Herr, allein
laß Wert und Maß der Tage sein,
die wir in Schuld verbringen.
Nach ihnen sei die Zeit gezählt;
was wir versäumt, was wir gefehlt,
darf nicht mehr vor dich dringen.

Der du allein der Ewge heißt
und Anfang, Ziel und Mitte weißt
im Fluge unserer Zeiten:
bleib du uns gnädig zugewandt
und führe uns an deiner Hand,
damit wir sicher schreiten.

WITOLD GOMBROWICZ (1904–1969)

1. 1. 1967

Ich bin gestern mit Rita in das Jahr 1967 hineingegangen. Zu zweit, ohne Champagner, aus dem Fenster die Stille, die Leere unseres schönen Platzes du Grand-Jardin betrachtend, mit den sich staffelnden Dächern des alten Vence, mit dem Turm der Kathedrale, mit den felsigen Bergwänden im Hintergrund, die der Mond mit mystischem Licht übergoß.
Der Mond war so stark, daß auf der anderen Seite der Meeresspiegel hinter Cap d'Antibes zu sehen war.
Fast nichts ereignet sich für mich. Der nicht besonders gute Gesundheitszustand ist für mich zu einer Art Kloster geworden. Ich lebe wie ein Mönch. Um neun Uhr morgens Frühstück, dann Schreiben, um zwölf Uhr Post, eine Autofahrt in die Berge, verbunden mit einem Spaziergang zu Fuß, wir kehren zurück. Mittagessen, Zeitung, ein Schläfchen, Korrespondenz, Lektüren... Wir besuchen meistens Maria Sperling und Józef Jarema, die ein schönes Häuschen und einen schöneren Garten auf einer der Höhen über Nizza haben. Es fehlt nicht an Besuchen, weil dies doch der Salon Europas ist; immerfort erscheint jemand, aus Amerika, aus Australien, aus der Schweiz, aus Polen, zu den Feiertagen eine Menge von Königen, Finanzmännern, Maharadschahs, Admirälen, Filmstars. Aber nichts ereignet sich. Manchmal, mit einer Anstrengung, die an Selbstquälerei grenzt, bemühe ich mich, irgendeine vergessene Einzelheit von vor Jahren in meinem Kopf auszugraben. Z. B.: – darüber zerbrach ich mir gestern abend den Kopf und in der Nacht vor dem Einschlafen, sowie heute morgen – in welchem Torweg, an welcher Straße ich vor einem Regenguß Schutz gesucht hatte im September 1955 in Buenes Aires während der Revolution, als ich aus meiner bedrohten Wohnung zu Russo floh.

RUDOLF OTTO WIEMER (* 1905)

Was ich mir wünsche

Die Unermüdlichkeit der Drossel, da es
dunkelt, den Gesang zu erneuern.
Den Mut des Grases, nach so viel
Wintern zu grünen.
Die Geduld der Spinne, die ihrer Netze
Zerstörung nicht zählt.
Die Kraft im Nacken des Kleibers.
Das unveränderliche Wort der Krähen.
Das Schweigen der Fische gestern.
Den Fleiß der Holzwespen, die Leichtigkeit
ihrer Waben.
Die Unbestechlichkeit des Spiegels.
Die Wachheit der Uhr.
Den Schlaf der Larve im Acker.
Die Lust des Salamanders am Feuer.
Die Härte des Eises, das der Kälte
trotzt, doch schmilzt im Märzlicht der Liebe.
Die Glut des Holzes, wenn es verbrennt.
Die Armut des Winds.
Die Reinheit der Asche, die bleibt.

DIETRICH BONHOEFFER (1906–1945)

Jesus Christus weiß allein, wo der Weg hingeht. Wir aber wissen, daß es ganz gewiß ein über alle Maßen barmherziger Weg sein wird.

Von guten Mächten

Von guten Mächten treu und still umgeben,
behütet und getröstet wunderbar,
so will ich diese Tage mit euch leben
und mit euch gehen in ein neues Jahr.

Noch will das alte unsre Herzen quälen,
noch drückt uns böser Tage schwere Last,
ach, Herr, gib unsern aufgeschreckten Seelen
das Heil, für das du uns geschaffen hast.

Und reichst du uns den schweren Kelch, den bittern
des Leids, gefüllt bis an den höchsten Rand,
so nehmen wir ihn dankbar ohne Zittern
aus deiner guten und geliebten Hand.

Doch willst du uns noch einmal Freude schenken
an dieser Welt und ihrer Sonne Glanz,
dann wolln wir des Vergangenen gedenken,
und dann gehört dir unser Leben ganz.

Laß warm und still die Kerzen heute flammen,
die du in unsre Dunkelheit gebracht,
führ, wenn es sein kann, wieder uns zusammen.
Wir wissen es, dein Licht scheint in der Nacht.

Wenn sich die Stille nun tief um uns breitet,
so laß uns hören jenen vollen Klang
der Welt, die unsichtbar sich um uns weitet,
all deiner Kinder hohen Lobgesang.

Von guten Mächten wunderbar geborgen,
erwarten wir getrost, was kommen mag.
Gott ist mit uns am Abend und am Morgen
und ganz gewiß an jedem neuen Tag.

MASCHA KALÉKO (1907–1975)

Nekrolog auf ein Jahr

Nun starb das Jahr. Auch dieses ging daneben.
Längst trat es seinen Lebensabend an.
Es lohnt sich kaum, der Trauer hinzugeben,
Weil man sich ja ein neues leisten kann.

Man sah so manches Jahr vorüberfliegen,
Und der Kalender wurde langsam alt.
Das Glück gleicht eleganten Luxuszügen
Und wir der Kleinbahn ohne Aufenthalt...

Im Wintersportgebiet hat's Schnee gegeben.
Wer Hunger hat, schwärmt selten für Natur.
Silvester kam. Und manches Innenleben
Bedarf jetzt fristgemäß der Inventur.

Wir gossen Blei und trieben Neujahrspossen.
(Minister formen meist den Vogel Strauß...)
Was wir im letzten Jahr in Blei gegossen,
Das sah verdammt nach Pleite-Geier aus.

Das Geld regiert. Wer hat es nicht erfahren,
Daß Menschenliebe wenig Zinsen trägt.
Ein braver Mann kann höchstens *Worte* sparen.
... Wenn er die Silben hübsch beiseitelegt.

Die Freundschaft welkt im Rechnen mit Prozenten.
Bald siehst du ein, daß keiner helfen kann.
Du stehst allein. Und die dir helfen könnten,
Die sagen höchstens: »... rufen Sie mal an!«

Nun starb ein Jahr. – Man lästre nicht am Grabe!
Doch: Wenn das Leben einer Schule gleicht,
Dann war dies Jahr ein schwachbegabter Knabe
Und hat das Ziel der Klasse nicht erreicht.

Abermals ein Jubiläum

Laßt uns, ihr Freunde, ohne viel Geschrei
dem nächsten Jubeltag entgegengehen!
Die Hälfte unsres Lebens ist vorbei.
Nun gilt es noch, den Rest zu überstehen.

Nichts gleicht dem vielgeschmähten Jugendrausch!
Und Lob des Alters – nichts wie saure Trauben.
Vernunft und Reife? Brüder, welch ein Tausch,
wenn man bedenkt, was uns die Jahre rauben.

Der Adler, er verlor die kühnen Schwingen.
Der Schmetterling, er wurde korpulent.
Die Nachtigall, sie hörte auf zu singen.
Der Löwe? Macht nun brav sein Testament.

Die Jahre ziehn, ein müdes graues Heer.
Und damals, das ist lange, lange her...

Weil alles so vergeht, was dich einst freute
und was dir wehgetan: Trink deinen Wein!
Was gestern morgen war, ist heute heute.
Was heute heute ist, wird morgen gestern sein.
Prägt euch das ein.

HILDE DOMIN (* 1912)

Die schwersten Wege

für R. H.

Die schwersten Wege
werden alleine gegangen,
die Enttäuschung, der Verlust,
das Opfer,
sind einsam.
Selbst der Tote der jedem Ruf antwortet
und sich keiner Bitte versagt
steht uns nicht bei
und sieht zu
ob wir es vermögen.
Die Hände der Lebenden die sich ausstrecken
ohne uns zu erreichen
sind wie die Äste der Bäume im Winter.
Alle Vögel schweigen.
Man hört nur den eigenen Schritt
und den Schritt den der Fuß
noch nicht gegangen ist aber gehen wird.
Stehenbleiben und sich Umdrehn
hilft nicht. Es muß
gegangen sein.

Nimm eine Kerze in die Hand
wie in den Katakomben,
das kleine Licht atmet kaum.
Und doch, wenn du lange gegangen bist,
bleibt das Wunder nicht aus,
weil das Wunder immer geschieht,
und weil wir ohne die Gnade
nicht leben können:
die Kerze wird hell vom freien Atem des Tags,
du bläst sie lächelnd aus
wenn du in die Sonne trittst
und unter den blühenden Gärten
die Stadt vor dir liegt,
und in deinem Hause
dir der Tisch weiß gedeckt ist.
Und die verlierbaren Lebenden
und die unverlierbaren Toten

dir das Brot brechen und den Wein reichen –
und du ihre Stimmen wieder hörst
ganz nahe
bei deinem Herzen.

Banges Neujahr

Das tiefere Rot der Hyazinthe die stirbt:
die Schwermut steigt in dem Stengel,
ihr dunkler Saft
Pegel des Tods in der Dolde.

Weihnachten ist dahin,
alle Kerzen sind niedergebrannt,
Wachsflecken auf dem Tischtuch.
Das Kind, das Neue Jahr,
regt sich nicht in der Krippe.
Wir warten auf sein Lächeln,
wir warten auf seinen Schrei,
wir halten den Atem vor Angst.
Die Nacht ist so naß,
so sternenlos,
die Reiser blühn,
die Hyazinthe stirbt.
Das Wunder
– kaum ein Glänzen am Horizont –
geht in weiter Ferne vorüber.

ALEXANDER SOLSCHENIZYN (* 1918)

Mit dir zu leben, Herr, ist mir ein leichtes!
Ein leichtes auch, an dich zu glauben!
Wenn mein Verstand in Zweifel nachläßt oder sich verliert,
wenn selbst die geistigen der Menschen nicht weiter sehen
als bis zum Abend des heutigen Tags
und nicht wissen, was morgen getan werden muß –
dann bescherst du mir die klare Gewißheit,
daß es dich gibt und daß du dafür sorgst,
daß nicht alle Wege des Guten verschlossen bleiben.

Auf dem Grate irdischen Ruhms blicke ich mit Verwunderung auf den Weg zurück, den ich mir selbst niemals hätte ausdenken können, einen staunenswerten Weg durch die Hoffnungslosigkeit – hierher, von wo aus ich auch der Menschheit einen Abglanz deines Strahlenkranzes vermitteln konnte. Und soweit ich weiterhin ihn wiedergeben soll, wirst du dabei mir helfen. Wofern mir dieses aber nicht gelingt – so heißt das, du hast es Andern bestimmt.

PETE SEEGER (* 1919)

Für alles kommt die Zeit

Für alles Tun auf dieser Welt
kommt die Zeit, wenn es dem Himmel so gefällt.

Die Zeit der Fülle, die Zeit der Not,
die Zeit der Sorge ums tägliche Brot,
die Zeit zum Speisen, die Zeit zum Fasten,
die Zeit zum Schaffen, Zeit zum Rasten.

Für alles Tun auf dieser Welt
kommt die Zeit, wenn es dem Himmel so gefällt.

Die Zeit der Saat, die Erntezeit,
die Zeit des Danks, daß es soweit,
die Zeit zum Schweigen, die Zeit zum Reden,
die Zeit zum Singen, Zeit zum Beten,
die Zeit zum Lachen, die Zeit zum Leiden,
die Zeit zum Kuß, die Zeit zum Scheiden,
die Zeit zum Nehmen, die Zeit zum Geben,
die Zeit zum Sterben, Zeit zum Leben.

Für alles Tun auf dieser Welt
kommt die Zeit, wenn es dem Himmel so gefällt.

Die Zeit der Furcht, die Zeit zum Mut,
die Zeit, die weit von bös und gut,
die Zeit zum Frieden nach all dem Leid,
denn Streit und Friede hat seine Zeit.

Für alles Tun auf dieser Welt
kommt die Zeit, wenn es dem Himmel so gefällt.

HILDEGARD KNEF (*1925)

Prost Neujahr

Prost Neujahr, es war ein gutes Jahr.

Man blickt zurück und denkt an sich, an wen denn sonst,
fühlt sich nicht schlecht, man gibt sich recht – ja, was denn
sonst,
die Liebe kam und ging vorbei, wie oft zuvor,
etwas gehetzt, doch sehr geschätzt, kam man empor,
wenn man's so recht bedenkt, es war ein gutes Jahr.

Das bißchen Neid, das bißchen Angst ist nun vorbei,
das Konto voll, die Feinde matt, man fühlt sich frei,
am Weihnachtsabend hat man gut und reich geschenkt,
und selbst der Nachbar weiß, daß man noch christlich
denkt,
so ganz uneingeschränkt, es war ein gutes Jahr.

Du gabst das Rauchen auf und fühlst dich ganz als Held,
und trinkst nur das, was niemand andrer sich bestellt,
du bist versnobt und tust, als ob du es nicht wärst,
gehörst dazu, solang du noch zwei Wagen fährst,
und denkst so gern zurück an dieses gute Jahr.

Man blickt voraus und gießt sein Blei und wünscht sich
sehr,
daß man im neuen Jahr ein gänzlich anderer wär',
daß man so jung und treu und gut wie nie zuvor,
doch die Gewohnheit lacht und singt dir sanft ins Ohr:
Nun trink mal brav den Sekt und mach dir doch nichts vor.

Prost Neujahr, es war ein gutes Jahr.

AUGUST EVERDING (* 1928)

Ein Jahr liegt vor uns – ein Atemhauch – eine Ewigkeit

Heute schauen alle zurück auf das Vergangene, heute schauen alle voraus auf das Kommende, heute Nacht ist die längste Sekunde, die sentimentalste, die bedeutungsschwangere, die lärmende, die stille – Transeamus. Wir merken, daß es fast keine Gegenwart gibt, es ist alles gleich gewesen und wird gleich kommen. Heute möchte ich an die Momente denken, die Zeit gerinnen lassen, die zeitlos sind, die Zeit vergessen machen, wo Raum zur Zeit wird, und Zeit im Raum vergeht, wo wir wünschen, verweile doch, du bist so schön. Welche Augenblicke sind das in unserem Leben – sind es nur Augenblicke? Es widerfährt uns in der Beglückung eines Versprechens, eines Gewinns, einer Erfüllung, in den Ewigkeiten der Liebe. Es begegnet uns in der Stille der Einswerdung, in der Überwältigung durch ein Wunder, in der Seligkeit des Glaubens und der Zweifellosigkeit des Vertrauens. Es ist die unaufgeregte Atemlosigkeit, die versenkte Erhebung, der Flug über den Wolken, der Gewinn der Mitte.

Es gibt Hilfsmittel für dieses Glücksgefühl, nicht nur Stimulantia, Antriebe und Aufputscher. Ich glaube, daß die Kultur uns Anwege, Gleitwege, Pfade gibt. Musik kann uns versetzen – verrücken, ohne uns den Verstand zu rauben und die Sinne überzumobilisieren. Sie kann uns das Universum hören lassen und den Klang unseres eigenen Herzrhythmus', Dichtung kann uns Welten sehen lassen, die es nicht gibt, sie kann uns Menschen vorführen, die wir sonst niemals kennengelernt hätten. Malerei kann uns in Gegenden verleiten, deren Weite, Schönheit und bizarre Abstrusität unsere Phantasie zu Spielen verlockt, derer wir uns nicht fähig glaubten. Diese Erlebnisse lassen uns leben, lassen uns übersteigen, lassen Zeitlichkeit vergessen und Zeit besser zeitigen. Das macht uns vielleicht verstiegen, aber diese Hintertreppe ist zielstrebiger als das maulfeile Hauptportal.

Kunst führt zu Erkenntnissen, die das Gehirn übersteigen. Kunst gebraucht die Gefühle als Leiter, um dann frei zu schwingen, nicht im luftleeren, sondern im lustvollen Raum. Kunst macht nicht besoffen, sie bringt mich zur berauschenden Klarheit, sie läßt den Menschen fühlen, wozu er fähig wäre und fähig ist. Kunst läßt Schicksale erleben und erleiden, deren Grausamkeit und Glück unser Bürgersinn sich nicht vorstellen kann. Kunst macht uns Verbrecher und Apostel verstehen, läßt uns Halleluja und Crucifige schreien. Kunst enthüllt und verhüllt zugleich. Sie entlarvt und macht gesittet durch Gesinnung. Kunst macht aus Kreaturen Menschen.

Es gibt keine Primär- und Sekundär-Kunst, keine Elite-Kultur und die Alternative dazu, es gibt keine U- und E-, keine niedere und höhere Kunst. Es gibt sie als Gabe und Begabung, als Muß und als Spiel, als Not und Befreiung. Sie verdammt, löst und erlöst. Sie fordert Können und erfordert Pflicht. Sie ist das menschliche Geheimnis, das uns glauben läßt, daß wir doch nicht nur Evolution, sondern geschöpft sind. Geschöpfte Geschöpfe, die schöpfen. Ein Jahr liegt vor uns – ein Lidschlag, ein Atemhauch – eine Ewigkeit, wenn es erfüllt ist von der Möglichkeit, die dem Menschen gegeben ist.

Silvester erlaubt einen Hymnus. Kunst, mach' aus der Welt – Sonntag.

RICHARD EXNER

Jahr

Nur ein kleiner Umlauf.

Hitze, Nässe,
Obst auf der Erde.

Kaum einer sieht
an starken Bäumen
den schmalen neuen Ring.

Am Glück
versagen die Kalender.

Wie mißt die Stimme sich,
wie die Berührung?

Du bist das Jahr.
Sonst trägt es
keinen Namen

Geburtstag

Daß du Licht
hast wie du Licht
bist, faßbare Zärtlichkeit
sterblicher Menschen –

daß du heftig
lebst, daß du
liebst und wieder-
geliebt weiter-
lebst und nie einsam
verkommst –

daß dein Herz
wächst und du nicht
alles erfährst –

daß du Zerbrechliches
schonst, auch mit
Worten: manchmal hält
eine einzige Zeile
die Schöpfung
in Gang.

All das
auf Vorrat.
Und Gefährten
unter sehr hellen
Himmeln.

für R. und D. Degenfeld

Fast ein Gespräch

Wie die Monate hetzen.

Wird noch Zeit sein
für den Blick auf den Golf
von Itea?

Legst du noch einmal vorm Tod deine Hand
über ein Stück Paradies am Portal
in Florenz?

Die Fragen, die Wünsche!

Sicherer geht es und rascher
ans Ende.

Doch übers Helle vielleicht,
durchs glühende Weiß einer Insel,
in die Sonnengesichte
von Patmos.

Weißt du, wir leben jetzt noch aus
gegenseitiger Zeit,
im täglichen Anschaun gespiegelt,
im Berühren verdoppelt,
nach gestern hin und nach
morgen.

Wer glücklich ist,
empfindet das Fallen
als Flug.

für Heinz Piontek

WALTER HELMUT FRITZ (* 1929)

Neujahr

Ein Gang durch das neblige Tal.
Wundholz, das einen ansieht.
Das alte Jahr ist Erinnnerung,
durch eine Spiegelfläche

getrennt vom neuen,
das lautlos erscheint
im Reif auf den Zweigen,
dem Licht, seinen Lidern

im Flug des Raubvogels,
in deinem Gesicht.
Verweilen. Der gemeinsame
Wunsch, lebendig zu bleiben

der Weg und die Ferne,
die einander Deutlichkeit geben,
der Tag, den man schmeckt,
der gefrorene Boden, das Windtuch.

VLADIMIR VOINOVITCH (* 1932)

Abenteuer in der Silvesternacht

Abschied vom alten Jahr:
wie Sascha und Wolodja im Moskauer Wald
ein verdächtiges Objekt fällten

Das Jahresende 1979 verabschiedeten wir auf der Datscha, etwa hundert Kilometer von Moskau entfernt. Am 31. Dezember fragte meine sechsjährige Tochter Olga, kaum aus dem Schlaf erwacht, wann denn der Großvater Frost, der in Rußland an Silvester erscheint, kommen würde. Ich sagte: bald. Sie fragte: wann ist bald? Ich sagte: sehr bald. Sie fragte: und wann ist sehr bald? Ich sagte: am Abend. Sie fragte: und wann ist es Abend? Ich sagte: wenn der Tag vorbeigegangen ist. Sie fragte: und wann geht der Tag vorbei? Ich sagte: bis zum Abend wird er gerade rechtzeitig vorbeigehen. Sie fragte: und wie soll er vorbeigehen? Hat er etwa Beine?
Unser Gespräch wurde durch Lärm von draußen unterbrochen, und aus dem Fenster sah ich einen roten Lada mit einem rostigen Gepäckhalter auf dem Dach. Auf dem Gepäckhalter lag etwas, das in Leinen eingehüllt und mit Schnüren umwickelt war. Alle vier Autotüren öffneten sich gleichzeitig, und raus auf den Schnee schüttete sich die vollzählige Familie der Saizews: der Mann Sascha, seine Frau Warwara, ihre Tochter Natascha (die genauso alt war wie Olga) und deren Sohn Danja, ein dicker Junge mit dem Beinamen »unser Bräutigam«. Eigentlich war der Bräutigam etwas zu alt, er war schon fast neun, er hielt sich solide und schrie manchmal seiner kleinen Schwester zu: »Natalja, hör auf rumzualbern.«

Die Gäste schoben sich unter Lärm und Geschrei aus dem Auto. Warwara erzählte, wie es ihr eigen war, vor allem auf einmal, ungefähr in dieser Zusammensetzung: Es gibt in Moskau überhaupt kein Waschpulver mehr, bei der Schwiegermutter hat man am Ellenbogen ein eigenartiges Geschwür gefunden, der Institutsdirektor ist gestern abend ins Zentralkomitee gerufen und von dort mit einem Herzinfarkt ins Kremlkrankenhaus gefahren worden, der Kuchen ist wohl ein bißchen verbrannt, bei solchem Glatteis können auf unseren Straßen ja nur Selbstmörder herumfahren, aber Sascha stand gestern bis um Mitternacht in der Schlange für die Tannenbäume und kam an mit etwas, ihr werdet gleich selbst sehen, was, fallt nur ja nicht in Ohnmacht. Als Sascha das Ding vom Gepäckhalter herunternahm und das, was ein Tannenbaum hätte sein sollen, auspackte, fiel zwar keiner in Ohnmacht, aber Olga fing an zu weinen. Und als wir sie fragten, warum sie denn weinte, sagte sie: »Der Tannenbaum tut mir leid, warum hat man ihn denn rasiert?« Und wirklich, es war kein Tannenbaum, sondern irgendwelche zusammengewachsenen krummen Stöcke, von denen ein paar kurze Nadeln abstanden, nicht mehr als von einem Drei-Tage-Bart.

Ich muß zugeben, daß es mich immer erstaunt hat, wie man in Rußland, das die größten und ausgedehntesten Waldflächen der Welt, die Taiga eingeschlossen, innehat, es verstand, solche krummen und nackten Tannen zu finden, oder sie absichtlich zu züchten, daß man sie manchmal nur schwerlich von einem Kaktus unterscheiden konnte.

Kurz gesagt, es wurde beschlossen, in den Wald zu gehen, um einen richtigen Tannenbaum zu finden, der sich selbst nicht schämen mußte, so zu heißen. Um so mehr, weil wir in einem Land lebten, in dem der Wald und alle anderen Ressourcen dem Volk gehörten und wir, als ein Teil des Volkes, das Recht hatten, uns einen Teil des uns gehörenden Reichtums in Form einer kleinen Tanne zu nehmen.

Doch hier muß man dem nichtwissenden Leser erklären und den wissenden daran erinnern, daß sich damals in einem Radius von 100 Kilometer um Moskau herum einer der drei bedeutendsten Verteidigungsringe Moskaus befand (und sich natürlich auch heute noch befindet). Das heißt, dort im Wald verbargen sich Raketen mit allen dazu nötigen Hilfsvorrichtungen und natürlich dem dazugehörenden Bedienungspersonal. Und in unserem Wald gab es auch so etwas ähnliches. Ich habe es zwar niemals, weder beim Pilzesammeln im Sommer noch beim Langlaufen im Winter mit eigenen Augen gesehen, aber des öfteren Anzeichen für das Vorhandensein dessen bemerkt. In Gestalt von Spuren schwerer Fahrzeuge, die anscheinend quer durch den Wald fuhren, kleine Bäume brechend und große mit der Wurzel aus dem Boden reißend, in Gestalt von nächtlichem Brummen irgendwelcher Motoren und Soldaten, die plötzlich wie aus dem Nichts in unserem Dorfladen auftauchten, um dort eilig Wodka zu kaufen und dann genauso schnell wieder verschwanden. Da war ich offensichtlich auf ein sorgfältig behütetes Militärgeheimnis gestoßen, das nur den Einwohnern der umliegenden Dörfer, dem Generalstab der sowjetischen Armee und dem amerikanischen Pentagon bekannt war.

Gleich als es dunkel geworden war, zogen Sascha und ich unsere Mäntel und Filzstiefel an. Sascha wickelte noch eine Schnur um sich, an die Schnur band er eine Axt, und wir machten uns auf den Weg wie zwei nächtliche Einbrecher.

Ich hatte damals übrigens ein Paar für das russische Leben noch neuartige Funkgeräte namens »Walkie-talkie«. Mein amerikanischer Verleger, der mich immer, wenn er nach Moskau kam, mit bei uns noch seltenen und dort schon billigen elektrischen Uhren, Taschenrechnern und ähnlichen Geräten beschenkte, hatte sie mir irgendwann mitgebracht. Und wenn ich ihn nach dem Preis fragte, winkte er großzügig ab, indem er zu verstehen gab, daß wir unter Freunden schon zusammenkommen würden, in der Hoffnung, daß ich nicht nach meinem Honorar fragen würde. Der Verleger hatte mir übrigens diese Walkie-talkies geschenkt, ohne zu wissen, daß er mich dem Risiko aussetzte, in große Schwierigkeiten zu kommen.

Privatpersonen war es untersagt, Funkgeräte zu besitzen, und deren Besitz zog in unserem Land, in dem Beobachtungsgabe an erster Stelle der Liste von wichtigen menschlichen Eigenschaften stand, unabdinglich den Verdacht der Spionage nach sich. Ich wurde sogar schon ohne jegliche Walkie-talkies einige Male als möglicher feindlicher Spitzel verdächtigt, nur weil ich eine Sonnenbrille trug oder mit einem Fernglas aus dem Fenster eines Zugabteils schaute. Und als ich mir dann ein kleines Diktiergerät angeschafft hatte und anfing, meine Gedanken aufs Band murmelnd, damit spazierenzugehen, hetzten aufmerksame Bürger einige Male einen Milizionär auf mich, der, wenn er faul war, sich mit der Kontrolle der Dokumente zufrieden gab, und wenn er nicht faul war, mich auf die Wache schleppte und mich dort auf die Bank für die Verhafteten setzte.

Einmal mußte ich sogar vier Stunden auf den Vorgesetzten warten, der, wie man mir erklärte, den Fall aufklären würde. Dieser entpuppte sich zu meinem Glück als großer Liebhaber der Literatur, sah ein, daß ich das Diktiergerät genauso für meine Arbeit brauchte wie er seine Pistole, und ließ mich gehen.

Also packten Sascha und ich die Sache an, er mit seiner Axt und ich mit einem der beiden Funkgeräte. Das andere hatten wir unseren Frauen und Kindern dagelassen, mit dem Versprechen einer detaillierten Reportage der Durchführung unseres Plans. Der Himmel war klar und voller Sterne, es war frostig und der Schnee knirschte, wie es ihm in solchen Situationen zusteht, unter unseren Füßen.

Wir gingen aus dem Dorf hinaus, und ich gab den ersten Funkspruch ab: »Haben die Basis verlassen, bewegen uns genau nach Kurs, gute Sichtverhältnisse.« Als wir dem Wald näher kamen, nahm ich wieder Kontakt auf: »Nähern uns dem Ort der Durchführung der Operation.« Später gab ich durch: »Sind ungehindert auf das Territorium durchgedrungen.« Als wir eine mehr oder weniger schöne Tanne ertastet hatten, funkte ich: »Haben ein passendes Objekt gefunden.« Sascha fing an, den Stamm mit der Axt zu hacken. Ich gab durch: »Beginnen die Demontage des Objekts.« Dann: »Das Objekt wurde demontiert. Beginnen den Abtransport zur Basis.«

Als wir den Tannenbaum zu Hause anschauten, stellte er sich als noch schöner heraus, als wir gedacht hatten. Wir stellten ihn im selbstgemachten Holzkreuz auf, behängten ihn mit Christbaumkugeln, umwickelten ihn mit bunten Lichtern, der Baum glänzte und funkelte. Wir setzten uns schon an den Tisch, um das alte Jahr zu verabschieden, als Sascha rausging, um das Holz für den Kamin zu holen. Ich folgte ihm auf den Hof und sah, daß sich auf der einzigen Straße unseres Dorfes langsam ein Kleinbus des Militärs auf uns zubewegte, auf dessen Dach etwas Hula-Hoop-ähnliches kreiste.

»Verstehst du, was das bedeutet?« fragte Sascha.

»Ganz klar«, erwiderte ich. »Ein Peilgerät.«

»Und verstehst du auch, warum der rumfährt?«

»Verstehe ich. Er sucht unsere Walkie-talkies.«

»Und warum flüsterst du?« fragte er.

»Und du, warum?« fragte ich.

Wir fingen beide an zu lachen, als uns einfiel, daß nicht einfach menschliche Stimmen, sondern Radiosignale vom Peilgerät erfaßt würden, daß unsere Walkie-talkies jetzt aber friedlich auf dem Fensterbrett lagen wie junge Kätzchen und nicht mal schnurrten.

»Was ist passiert?« fragte meine Frau, als wir zurück ins Haus kamen. »Worüber flüstert ihr?«

»Darüber, daß die Zeit vergeht, daß wir gern etwas trinken

würden und einen Happen essen und daß wir schon anfangen könnten, das alte Jahr zu verabschieden.«

»Und wann kommt der Weihnachtsmann?« fragte Olga.

»Bald«, sagte ich.

»Und wann, bald?«

»Niemals«, sagte der gemeine Danja, »weil es gar keinen Weihnachtsmann gibt.«

»Und wie es ihn gibt«, sagte Natascha.

»Gibt es gar nicht«, sagte Danja, »Weihnachtsmänner sind verkleidete Onkel mit Bärten aus Watte.«

»Gut«, sagte ich zu ihm, »wenn du das glaubst, können wir das ja überprüfen. Wenn der Weihnachtsmann kommt, zupfst du ihn einfach am Bart.«

Mit diesen Worten nahm ich die Funkgeräte, trug sie in den Keller und versteckte sie in einem Paar alter Gummistiefel. Dann lief ich schnell zur Nachbardatscha rüber, wo der Übersetzer und Germanist Senja Smirnov mit seiner Frau Alla wohnte. Senja hatte uns versprochen, den Weihnachtsmann zu spielen, und seine Frau Alla war gerade in diesem Moment damit beschäftigt, einen Knopf an seinen roten Mantel zu nähen. Ich sagte Senja Bescheid, daß er bereits in einer halben Stunde kommen konnte, daß ich ihn aber bitten wollte, dieses Jahr den Bart nicht anzukleben, sondern einfach in dem seinen zu kommen, der auch buschig und weiß genug war.

»Gut«, sagte Senja und fragte mich: »Waren die Soldaten auch bei euch?«

»Welche Soldaten?«

»Da kamen welche zu uns«, erklärte Senja, »und wollten irgendeinen Blödsinn wissen, über irgendein Objekt.«

»Was für ein Objekt?«

»Ach, irgendein Blödsinn«, sagte Alla, »wahrscheinlich waren sie betrunken.«

»Oder sie wollten was trinken und versuchten, sich selbst einzuladen«, schlug der zukünftige Großvater Frost vor.

Auf dem Heimweg sah ich, daß das Fahrzeug mit dem Peilgerät umgedreht worden war und jetzt vom anderen Ende des Dorfes her mir entgegenfuhr. Mit der auf dem Dach kreisenden Antenne fuhr es schnell an mir vorbei und verschwand hinter dem Dorfrand. Ich atmete erleichtert auf und ging ins Haus. Alle saßen schon am Tisch, und die Kinder stopften sich genüßlich mit Pfannkuchen und Kaviar voll und klopften mit den Gabeln an die Teller. Die Schnapsgläser waren auch schon gefüllt und Sascha begrüßte mich mit der ungeduldigen Aufforderung, sofort mit der Verabschiedung des alten Jahres anzufangen.

Wir tranken, aßen noch, da hörten wir ein lautes Klopfen an der Tür. »Der Weihnachtsmann! Der Weihnachtsmann!« schrien die Kinder aufgeregt.
Ich machte, Senja in Gedanken dafür schimpfend, daß er zu früh gekommen war, die Tür auf und hüpfte vor Schreck einen Schritt zurück: Vor mir standen zwei große Militärs in weißen Pelzjacken, die mit Gürteln umschlossen waren, der ältere mit einem Majorsternchen auf den Schulterstücken, der jüngere mit den drei Streifen eines Sergeanten. Sie begrüßten uns, und dann fragte der Major, ob sie denn reinkommen dürften. Als er aber die Erlaubnis erhalten hatte, kam er doch nicht weiter als über die Schwelle herein.
»Guten Rutsch, wünschen wir!« sagte endlich der Major unsicher, mit den Blicken sowohl die Anwesenden am Tisch als auch den ganzen Raum musternd.
»Ihnen auch«, antwortete ich.
»Sie sind also schon auf die Begrüßung des neuen Jahres vorbereitet?« fragte er, offensichtlich nicht wissend, wie er anfangen sollte.
»Noch verabschieden wir das alte«, sagte Sascha und schlug vor: »Wollen Sie vielleicht einen Schluck mit uns trinken?«
»Nein, nein«, sagte der Major, sichtlich mit der Versuchung ringend. »Wir sind im Dienst. Übrigens haben Sie einen sehr schönen Tannenbaum.«
»Wir haben ihn aus Moskau hergebracht«, sagte Warwara vorsichtshalber.
»Das ist mir egal«, murmelte er. »Ich bin kein Förster, und mir ist es gleich, ob Sie ihn aus Moskau hergebracht oder im Wald gefällt haben. Mich interessiert nicht der Baum, sondern etwas Ernsteres. Ist das Ihre ganze Gesellschaft? Sonst ist niemand im Haus?«
»Nein, sonst niemand«, sagte ich. »Wen suchen Sie denn?«
»Na gut, also dann.«
Ohne geantwortet zu haben, stieß er den Sergeanten an, beide drehten sich zur Tür um, der Major hatte schon die Klinke in der Hand, da hielt er inne und fragte: »Sagen Sie, Sie haben nicht zufällig im Dorf irgendwelche verdächtigen Personen gesehen, die mit irgendwelchen Vorrichtungen oder großen Gegenständen herumgingen oder -fuhren?«

»Oder mit einem Objekt?« sagte der Sergeant.
»Womit?« fragte ich unschuldig.
»Mit irgend so einem großen Gegenstand«, sagte der Major, »den man Objekt nennen könnte.«
»Und wie sieht dieses Objekt aus?« zeigte Sascha Interesse. »Wie ist es beschaffen?«
»Na, irgendwie so halt«, sagte der Major und deutete mit den Händen etwas Abstraktes von eher runder Form an.
»Wie was sieht es denn aus?« bohrte Sascha weiter. »Wie eine Bombe? Ein Panzer? Eine Kuh? Oder vielleicht... wie dieser Weihnachtsbaum?« scherzte er gefährlich.
»So ein Blödsinn!« fauchte der Major. »Glauben Sie denn wirklich, daß ich in der Silvesternacht nichts Besseres zu tun habe, als irgendwelche Kühe oder Weihnachtsbäume zu suchen?«
Er schien sehr verärgert zu sein. Und als Sascha ihm nochmals vorschlug, etwas mit uns zu trinken, lehnte er entschieden ab. Trotzdem teilte er uns doch noch zum Abschied mit, daß der Abhörfunk die Konversation irgendwelcher Spione oder vielleicht sogar Diversanten mitgehört hatte, die irgendwo in der näheren Umgebung codierte Gespräche über Funk führten und irgendein Objekt demontierten. Wenn uns also im Dorf irgendwelche verdächtigen Gestalten auffallen sollten oder irgendein Auto oder so etwas ähnliches (dazu wurde noch einmal das Abstraktum mit den Händen dargestellt), dann wären sie sehr dankbar...

Der Major schrieb die Telephonnummer des Diensthabenden auf ein Stückchen Papier, woraufhin sie sich verzogen und Sascha und ich gehörig von unseren Frauen ausgeschimpft wurden. Für Scherze, die uns hätten teuer zu stehen kommen können.
Bald kam dann auch der erwartete Großvater Frost mit den Geschenken, zu dem der ungläubige Danja sagte: »Ich weiß, daß Ihr Bart aus Watte ist.« – »Mein Bart aus Watte?« wiederholte Großvater Frost beleidigt. »Na, faß ihn doch mal an.« Danja krallte sich mit beiden Händen in den Bart und zog so fest daran, daß der Weihnachtsmann aufquiekte. Dann brüllte er Danja an: »Was soll das? Spinnst du?« Die Mädchen aber fingen an herumzuhüpfen, in die Hände zu klatschen und zu schreien: »Gar nicht aus Watte! Gar nicht aus Watte!«
Nachdem er die Geschenke verteilt hatte, ging der Weihnachtsmann wieder, und bald darauf kamen die Nachbarn

Senja und Alla und setzten sich zu uns an den Tisch. Von Zeit zu Zeit strich Senja seinen Bart glatt, und Danja guckte ihn forschend an, sagte aber nichts mehr, aus Angst, sich wieder bloßzustellen.
Währenddessen näherten sich die Uhrzeiger ihrer höchsten Stelle, und es fing die Silvester-Fernsehübertragung an mit den Glückwünschen des Präsidiumsvorsitzenden des Obersten Sowjet der UdSSR, des Genossen Leonid Iljitsch Breschnew, an das sowjetische Volk, der, wie er sagte, zuversichtlich in die Zukunft blickte. Dann kam im Fernsehen das Neujahrskonzert, und bei uns ein Tanz um den Tannenbaum und die Ausspielung der Heimlotterie.

Nachdem die Kinder ins Bett gebracht worden waren, kam Sascha die tolle Idee, die uns dagelassene Telephonnummer anzurufen, den Diensthabenden an den Raketen zum neuen Jahr zu gratulieren, ihnen einen ruhigen Dienst zu wünschen. Und wir hätten das auch auf jeden Fall getan, wenn es im ganzen Dorf auch nur ein Telephon gegeben hätte. Die Walkie-talkies dafür zu gebrauchen, trauten wir uns dann allerdings doch nicht und beschlossen, lieber ohne jegliche Funkgeräte mit den Kräften im Jenseits Kontakt aufzunehmen. Wir hielten eine spirituelle Sitzung ab, während der Geist der Marina Zwetajewa mir einen weiten Weg vorhersagte, und auf die Frage, wohin genau, auf deutsch in Worten Heinrich Heines antwortete: »Der dumme Fuß will mich gern nach Deutschland tragen.«
Dies rief in unserer Runde große Erheiterung hervor. Auch wenn es klar war, daß mein dummer Fuß mich gerne weit tragen würde, wurde doch eher die zu Deutschland entgegengesetzte Richtung vermutet. Wir lachten darüber, vor allem weil es klar zu sein schien, daß die russische Dichterin diese deutsche Zeile wohl nie ohne die Hilfe des in Sitzung durchführenden Germanisten und ehemaligen Weihnachtsmannes herausgebracht hätte. Aber wer das auch immer gesagt hatte, ob es Marina Zwetajewas Geist war, der Heinrich Heines oder der Germanist Senja Smirnow, die eigentümliche Prophezeiung wurde komischerweise wahr, und das nächste Jahr, 1981, begrüßten wir, nachdem wir gezwungen waren, Moskau zu verlassen, im Hotel Splendid in der Münchner Maximilianstraße.

PETER HÄRTLING (*1933)

Ich bau dir ein Zimmer

Ich bau dir ein Zimmer,
sag ich, es schwimmt
auf dem See, es hängt
zwischen Ästen im Baum,
es nimmt seine Wände
nicht ernst, es wird
weit, es wird eng.

Ich bau dir ein Zimmer,
sag ich, für alle
Jahreszeiten, einen Teppich
aus Schnee, und den
Sommer in der Tapete,
die Wiese unterm Tisch,
Weinlaub an der Tür.

Ich bau dir ein Zimmer,
sag ich, es ist unsre
Wiege und es ist
unser Sarg. Ein Zimmer,
sag ich, aus Nichts
und aus allem. So haltbar
wie dieses Gedicht,
das du bewohnst.

PETER BICHSEL (* 1935)

Du hast nichts verpaßt

Wir treffen uns immer am Neujahr bei einem Freund, alle freuen sich darauf, aber alle haben wohl auch ihre Mühe mit dem »Immer wieder«. Nichts kommt so schnell immer wieder wie unser Neujahrstreffen, wie Weihnachten und Neujahr – kein Frühling, kein Sommer, kein Herbst. Der Winter ist lang, der Sommer ist lang – nur das Jahr nicht.

Otto F. ist gestorben in diesem Jahr – im September – und bereits ist auch das lange her, schon fast sehr lange. Ich habe ihn schon Dutzende von Malen nicht mehr getroffen in der Beiz. Und trotzdem, das Jahr, in dem er starb, war kurz – auch wenn er vor einem Jahr noch nichts, noch gar nichts von seiner Krankheit wußte. Das ist alles schon sehr lange her – mein erster Besuch im Spital, unser gemeinsames Hoffen, unser lustiger letzter Spaziergang – bereits Erinnerung, bereits weit weg. Und das Jahr war kurz, schon wieder Neujahr.

Im Sommer hat das noch nie jemand gesagt: »Schon wieder Sommer«, und »schon wieder Frühling« sagen wir auch nicht. Und ich frage mich, ob das Jahr auch für die Leute in Sarajewo, im Sudan, irgendwo in der ehemaligen Sowjetunion, im Irak ein kurzes war.

Weihnachten, so wissen wir, soll ein grauenhaftes Fest sein für Einsame – ein kleines bißchen sind wir alle wohl einsam, und so ist es halt dann ein kleines bißchen ein grauenhaftes Fest. Daß wir das Jahr als kurz empfinden, das ist wohl dann letztlich doch die Summe unserer Gelangweiltheiten. Wir haben uns ein Jahr lang gelangweilt mit Fußball-Weltmeisterschaften (mit glänzenden und gefeierten), mit Rekorden und Niederlagen, mit Schiffskatastrophen und Kriegen, mit NEAT und EU – und vor allem mit uns selbst.

Ich stelle mir vor, daß es klopfen würde an meiner Tür – gleich jetzt –, und Otto F. würde eintreten, zurückgekehrt, und sein »so« sagen. Er hätte wohl mit Recht den Eindruck, daß ich sehr viel länger gelebt hätte als er, drei Monate länger, und er würde mich mit Recht fragen: »Und – und was ist passiert in diesen drei Monaten?« Beschämt müßte ich gestehen: »Nichts, gar nichts, nichts Besonderes – alles dasselbe.«

Was würde ich meinem Freund H., der vor 14 Jahren gestorben ist, erzählen? »Du hast nichts verpaßt, gar nichts«, würde ich ihm sagen, und er würde böse, und er würde mich anschreien, denn er starb jung, und er hätte sehr gerne länger gelebt, und er hätte gelebt, und es hätte ihn interessiert. Ich würde ihm sagen: »Die Sowjetunion gibt es nicht mehr, die DDR gibt es nicht mehr«, und er könnte sich das im ersten Augenblick nicht vorstellen, und schon im zweiten wäre es für ihn so, wie wenn er es schon immer gewußt hätte. Er wäre übrigens heute noch, nach 14 Jahren, der Belesenere, und was er damals wußte, das wäre noch heute fast das ganze Wissen der Welt. Ich hätte heute noch ihn zu fragen, und nicht er mich.

Und selbst, wenn Goethe zurückkäme, ich hätte ihn wohl immer noch mehr zu fragen als er mich – er wüßte wohl noch immer mehr von dieser Welt als ich –, und das bißchen Technik – Flugzeug und Computer – würde ihn wohl nicht so sehr überraschen. Er war Naturwissenschaftler, ein interessierter Mensch.

Enttäuscht wären andere, Schiller etwa, der sich eine bessere Welt vorstellen konnte und wollte. Jean Paul, der im frühen 19. Jahrhundert an unser Jahrhundert, an das 20. Jahrhundert, glaubte. Enttäuscht wäre Marx – nicht, wie wir glauben wollen, über den Zusammenbruch der Sowjetunion, sondern über den Zustand der Welt, darüber, daß seine Beschreibung der Welt immer noch, und wieder zunehmend, zutrifft, das würde ihn nicht freuen. Und enttäuscht wäre – sollte er ein Mensch gewesen sein – jener Jesus von Nazareth, der an die Menschen und an das Leben glaubte. Überrascht wären sie wohl alle trotzdem nicht.

Oder gab es vielleicht doch Zeiten, und gibt es vielleicht Kulturen und Gegenden ohne diese grauenhafte Gelangweiltheit, die uns ein ganzes Jahr wie weggeschmolzen erscheinen läßt, ohne diese schale Gelangweiltheit, an die uns die Festtage Jahr für Jahr erinnern. Jedenfalls, so oder so, diese ungeliebten Festtage haben wir uns als Erinnerung an unsere Gelangweiltheit selbst verdient.

Max Frisch hat in einem Fragebogen die Frage gestellt: »Wen, der tot ist, möchten Sie wiedersehen?« Ich möchte dem anfügen: »Hätten Sie den Mut, jenen wiederzusehen, der selbst so gern noch gelebt hätte – und Sie hätten ihm nichts zu erzählen?«

HANS SCHEIBNER (* 1936)

Neujahrsbedenken

Als das alte Jahr
noch ein neues war,
war das alte Jahr,
das schon vorher war,
das alte Jahr.

Aber als nun gar
jenes alte Jahr,
welches vorher war,
noch ein neues war,
war das alte Jahr
noch kein Neues Jahr,
sondern gar nicht da.

Aber jenes Jahr,
das nicht da war, war
schließlich da, und zwar
als das Neue Jahr,
das nun alt ist. Ja!

Aber eins ist wahr:
daß das neue Jahr
mal ein altes Jahr
werden wird und gar
ein sehr altes Jahr,
das schon vorher war,
ja, das glaubt man zwar,
weil es stets geschah –
aber Vorsicht da!

Denn kein Neues Jahr,
das noch gar nicht war,
ist als Jahr schon da.
Ist das klar?

Prost Neujahr!

REINHARD MEY (* 1942)

Wirklich schon wieder ein Jahr?

Ist das schon so lange her,
wirklich schon wieder ein Jahr?
Noch weht mir der Wind von der See her entgegen,
Noch find ich Sand in meinen Hosenumschlägen
Und Dünengras in meinem Haar,
Spür auf meinen Lippen das Meer;
Wirklich schon wieder ein Jahr?

Wirklich schon wieder ein Jahr?
Ist es schon wieder so spät?
Mir taut noch der Vorjahrsschnee von meiner Mütze.
Um meine Schuhe entsteht eine Pfütze.
Auf dem gewachsten Parkett
Werd ich den Winter gewahr.

Wirklich schon wieder ein Jahr?
Ist also morgen schon heut?
Noch schwirren vom vorigen Sommer die Mücken
Um meinen Kopf, meine Finger zerpflücken
Akazienblätter, zerstreut:
Ein wenig, von Herzen... Ist's wahr?

Wirklich schon wieder ein Jahr?
Die Tage hab ich nicht gezählt.
Noch raschelt verwelktes Laub unter den Schritten,
Im vorigen Herbst von der Hecke geschnitten.
Noch glimmt Erntefeuer im Feld,
Flammenlos, kaum wahrnehmbar.

Bin immer noch, der ich war,
Erwachsener werd ich wohl nicht.
Ich hab einen Jahresring mehr, wie die Bäume,
Eine dickere Rinde, ein paar neue Träume
Und Lachfalten mehr im Gesicht.
Wirklich schon wieder ein Jahr?
Wirklich schon wieder ein Jahr!

Ich denk', es war ein gutes Jahr

Der Rauhreif legt sich vor mein Fenster,
Kandiert die letzten Blätter weiß.
Der Wind von Norden jagt Gespenster
Aus Nebelschwaden übers Eis,
Die in den Büschen hängenbleiben
An Zweigen, wie Kristall so klar.
Ich hauche Blumen auf die Scheiben
Und denk, es war ein gutes Jahr!

Sind ein paar Hoffnungen zerronnen?
War dies und jenes Lug und Trug?
Hab nichts verloren, nichts gewonnen,
So macht mich auch kein Schaden klug.
So bleib ich Narr unter den Toren,
Hab ein paar Illusionen mehr,
Hab nichts gewonnen, nichts verloren,
Und meine Taschen bleiben leer.

Nichts bleibt von Bildern, die zerrinnen.
Nur eines seh ich noch vor mir,
Als läg ein Schnee auf meinen Sinnen
Mit tiefen Fußstapfen von dir!
Mir bleibt noch im Kamin ein Feuer
Und ein paar Flaschen junger Wein.
Mehr Reichtum wär mir nicht geheuer
Und brächte Sorgen obendrein.

Du kommst, den Arm um mich zu legen,
Streichst mit den Fingern durch mein Haar:
»Denk dran, ein Holzscheit nachzulegen...
Ich glaub, es war ein gutes Jahr!«

DORIS DÖRRIE (* 1955)

Karibik

Paul lag schweißgebadet unter dem großen Ventilator auf dem Bett und stellte sich vor, wie er in München mit kalten, steifen Händen das Eis von der Windschutzscheibe seines Toyotas kratzte und er einfach himmlisch fror.

In Deutschland ist es jetzt schon soweit, rief Elke aus dem Badezimmer. Sie saß auf einem Hocker unter der Dusche, weil sie nur so die brütende Hitze ertrug. Wie spät ist es genau?
Widerwillig öffnete Paul ein Auge und sah auf die Uhr, die er aus Protest nicht umgestellt hatte, und die immer noch mitteleuropäische Zeit anzeigte. Sieben Minuten vor zwölf, knurrte er. Was? Ich kann dich nicht hören!
Er richtete sich auf. Sechs Minuten vor zwölf, brüllte er. Sie kam splitterfasernackt aus dem Bad getapst. Das Wasser lief an ihrem nahtlos gebräunten Körper herunter. Was gilt jetzt eigentlich für uns? fragte sie. Das deutsche oder das karibische Silvester? Er zuckte die Schultern, wandte den Kopf und sah aus dem Fenster auf das gleißendblaue Meer. In Kürze würde die verdammte Sonne endlich untergehen und vielleicht eine leichte Brise aufkommen. Elke legte sich neben ihn. Er sah zu, wie die Wassertropfen auf ihrer Haut verdampften.
Jetzt gehst du immer auf den Balkon und steckst die Raketen in die Bierflaschen, sagte Elke leise.
Ich wäre schon längst auf dem Balkon. Ich gehe immer um Viertel vor zwölf auf den Balkon. Sie schwiegen. Ob es hier auch ein Feuerwerk gibt? fragte Elke.
Nein, sagte Paul betont ruhig, das gibt es hier bestimmt nicht. Hier gibt es Silvester nicht. Hier gibt es gar nichts. Ein schönes neues Jahr. Er hielt ihr seine Armbanduhr vor die Augen. Es war exakt zwölf Uhr. Ein schönes neues Jahr, erwiderte Elke. Sie wandten sich zueinander, um sich zu küssen, da klopfte es. Elke hüllte sich in ein Tuch und öffnete. Vor der Tür stand ein schweißüberströmtes Ehepaar in Abendgarderobe. Wir haben an der Rezeption erfahren, daß Sie auch aus München sind, und weil doch für uns schon Silvester ist, da dachten wir...
Der Mann zauberte eine Flasche Champagner hinter seinem Rücken hervor, und um 0.12 Uhr diskutierte man bereits angeregt die Frage, ob man das Feuerwerk besser vom Schuttberg oder vom Arabellahochhaus aus sieht, und allen war zum erstenmal auf dieser Reise nicht mehr ganz so schrecklich heiß.

DIETER HÖSS (* 1935)

An Silvester nichts Neues

Trotz allen Wirbels:
keine große Zäsur, kein Jüngstes Gericht

Eigentlich ändert sich nichts – und zum Besseren schon gar nichts. Für die meisten ist der letzte Tag im Jahr ein Tag wie jeder andere – außer, daß der Kalender mit den Abreißblättern zu Ende geht und daß auf dem ersten Blatt des neuen eine rote Eins für den Neujahrstag steht. Für die meisten ist dieser 31. auch nicht *die* große Zäsur, der Augenblick der Schlußbilanz oder gar eine Art Jüngstes Gericht, wie man bei all dem Geknalle, Gelärme und Geschrei beinahe glauben könnte. Allenfalls gilt ein bitterer Erfahrungssatz, gefiltert aus vielen hoffnungsvollen Neuanfängen: Das Sicherste, was wir im neuen Jahr in Händen halten, sind die Rechnungen aus dem alten.

Arbeiter und Angestellte sehen das lang ersehnte und schwer erschuftete Endziel nach einem Marathon über viele Monate vielmehr im Beginn ihres Jahresurlaubs – irgendwann im Frühling oder Sommer. Für gestreßte Schüler und Lehrer, aber auch für die völlig überforderten Erziehungsberechtigten samt ihren Anwälten und Schulpsychologen ist die Zeugnisverteilung das wichtigste Ereignis – und danach natürlich die Ferien!

Daß trotzdem an Silvester ein solcher Wirbel veranstaltet wird, ist durch vernünftige Einwände nicht zu verhindern. Viele Bräuche gehen weit in die graue Urzeit zurück, als noch Dämonen und böse Geister das Finanzamt ersetzten, die es durch Lichter und Lärm zu vertreiben galt. Noch heute werden deshalb von den Bergen in der Neujahrsnacht feurige Räder gerollt und Böllerschüsse über den Tälern abgegeben. Auch privat werden Millionen in den Himmel gejagt. Nebenbei werden Autos beschädigt, Hände verstümmelt und Gastgeberinnen von Silvesterpartys durch Knallfrösche verschreckt, die, statt sich in Prinzen zu verwandeln, in ihre Dekolletés hüpfen. Solche Partys gibt es massenhaft.

Auf anderen Feten wird derweil Blei gegossen oder es werden Karten gelegt oder man liest aus den Sternen oder dem

Kaffeesatz. Auch die Zukunftsdeutung zum Jahreswechsel hat eine uralte Tradition. Wer an sie glaubt, der glaubt wohl auch daran, sich durch guten Willen einen Bonus für diese Zukunft verschaffen zu können. Also werden besonders zu Silvester immer wieder die besten Absichten spürbar, treten die längst vergessenen Vorsätze aus dem Vorjahr wieder in Erscheinung, macht sich allgemeiner Läuterungswille breit.

Aber ach! So wie der neue Kalender noch kein wirklich neues Jahr, wie das neue Kalenderjahr keine bessere neue Welt herbeizaubern, so garantieren die besten Absichten und Schwüre noch keine nachfolgenden Taten. Die Absichten ertrinken im letzten, wirklich allerletzten Glas Bowle. Und die Schwüre, ach, die Schwüre...

Der Single, der Punkt zwölf seine Vorjahresblondine vor die Tür setzt, ist dadurch vor neuen Anfechtungen nicht gefeit – dieselbe Dame und andere Haarfarben inbegriffen. Der brave Familienvater, der seinem einzigen Laster, dem nächtelangen Skatspiel für immer abgeschworen hat, begegnet auf seinem allerletzten Heimgang vom »Goldenen Engel« vielleicht gerade jener Blondine. Für Lebensphilosophen nur die Bestätigung des ersten allgemeinen Silvestergesetzes: Die Summe aller Laster bleibt konstant.

Wie die guten Vorsätze verflüchtigen sich auch Erwartungen, Hoffnungen, Illusionen. Wer im Vorjahr vergeblich auf einen Handwerker gewartet hat, kann es getrost weiter tun. Wer ein Jahr ohne Arbeit und voller Schulden war, kommt bestimmt nicht schlagartig am Ersten zu einem Job und in die schwarzen Zahlen. Wer im neuen Jahr eine neue Politik erwartet, hat sich auch geschnitten. Alle Versprechungen sind Schnee von gestern!

So bestätigt sich die eingangs gemachte Beobachtung: Eigentlich ändert sich nichts – und zum Besseren schon gar nichts. Das mag den einen deprimieren und den anderen beruhigen – je nach Erwartung und Temperament. Ich kannte einen, der zeigte sich an Silvester nie besonders begeistert, noch zeigte er sich auf irgendeine Weise beunruhigt. Allerdings besaß er zeit seines Lebens eine gesunde Abneigung gegen die alljährlich wiederkehrende Knallerei – und einen ebenso gesunden, alle Knallfrösche und Kanonenschläge überdauernden Schlaf. Er ging wie an anderen Tagen pünktlich um zehn zu Bett und verschlief so den Jahreswechsel samt der ganzen Ballerei. Am Neujahrsmorgen war er immer schon wieder der Munterste.

ANDREAS ESCHBACH (* 1959)

Der Mann aus der Zukunft

Besuch in der Neujahrsnacht –
eine jahresendliche Kurzgeschichte

Er stand am Fenster, so dicht, daß er die Kühle der Scheibe auf der Haut spürte. Sie beschlug von seinem Atem, während er hinabstarrte in den schmutzigen Hinterhof. Wieder einmal ein Silvesterabend ohne Schnee. Die kleine, orangerote Lampe, die den Hof erhellte, wackelte im Wind, und ein Gemisch aus Regen und verirrten, hoffnungsvollen Flocken huschte durch ihren Lichtkegel. Auf einer der Mülltonnen lag ein Stapel alter Zeitungen; offenbar hatte jemand auf diese Weise mit dem vergangenen Jahr abgerechnet.
Man müßte eine Geschichte darüber schreiben, dachte Brück. Eine Geschichte über einen Mann, der am Silvesterabend einsam an einem schmierigen Fenster steht, durch alte, graue Gardinen auf einen häßlichen Hinterhof hinausschaut und davon träumt, Schriftsteller zu werden. Und der es doch nicht über sich bringt, vom Fenster weg und zurück an die alte Schreibmaschine zu gehen, weil ihn die Aussicht lähmt, wieder etwas zu schreiben, was keiner lesen, keiner haben, keiner drucken will. – Dabei hätte er heute abend die Zeit und Besinnlichkeit gehabt, nach der er sich sonst das ganze Jahr über sehnte, heute, da die Stadt in beschaulicher Stille lag und alle zu Hause saßen bei ihren Familien.
In diesem Moment klingelte es.
Es war ein Mann, blond und stämmig, der geradezu begeistert schien, ihn zu sehen. Und er hielt eine Flasche Sekt in der Hand. »Herr Brück?« fragte er, »Peter Brück?«
»Ja«, gab Brück zu.
»Mein Name ist, ähm, Hans Schmidt«, sagte der Fremde. »Ich bin heute abend eingezogen« – er machte eine unbestimmte Geste, die in die nach gedünstetem Kohl riechenden Tiefen des Hauses gerichtet war –, »nur ein Koffer und die Matratze... Dachte, ich frage Sie mal, ob Sie nicht Lust haben, diese Flasche mit mir zusammen niederzumachen?«
»Hmmm«, machte Brück. Das Ansinnen war ihm unangenehm. Bisher hatte er allzu enge Kontakte mit anderen Bewohnern des Hauses sorgfältig gemieden, weil ihm diese, geradeheraus gesagt, herzlich unsympathisch waren.

»Ich will mich nicht aufdrängen«, erklärte der andere, als Brück zögerte. »Ich habe die Erzählung gelesen, die Sie letzten September veröffentlicht haben, und ich wollte die Gelegenheit nutzen, Sie persönlich kennenzulernen.«
Brück meinte zu spüren, wie seine Augäpfel zu unnatürlicher Größe anschwollen. Plötzlich glaubte er zu verstehen, was die Chronisten des Mittelalters gemeint hatten, wenn sie von Verklärung sprachen: Ein unirdischer Glanz schien mit einem Mal von dem Mann auf dem Gang auszugehen, und der Klang seiner Stimme war Sphärenmusik. Er öffnete die Tür weiter, einladender.
»Entschuldigen Sie. Ich war etwas überrascht. Ich hatte niemanden erwartet ...«
Der Fremde lächelte verzeihend und trat ein. Brück eilte in die Kochnische, um zwei Gläser aus dem Abtropfgestell zu klauben. Der Kloß in seiner Kehle war ungeheuer. »Hat sie«, begann er und mußte elend schlucken, »hat sie Ihnen gefallen?«
»Sehr«, sagte der Fremde. »Ich war sehr beeindruckt.«
Brück hätte heulen können vor Glück. »Wirklich? Sie hat Ihnen wirklich gefallen?«
»Ja. Wirklich«, meinte sein unbekannter Gast. Damit ließ er den Korken knallen.
Die Erzählung. Es war eine kleine, ziemlich autobiographische Erzählung über einen jungen Verkäufer, der, eingebunden in einen immer gleichen Alltag, nur wie durch die Sichtluken einer Festung mitbekommt, wie sich draußen die Welt verändert und allmählich vor die Hunde geht. Die Veröffentlichung dieser kleinen Geschichte hatte ihn den größten Teil des vergangenen Jahres über beschäftigt. Letztes Silvester hatte er begonnen, sie zu schreiben, und Ende Februar war er damit fertig gewesen. Im März hatte er allen Mut zusammengenommen und sie an den Herausgeber der *Wilden Blätter* gesandt, der einzigen Literaturzeitschrift der Stadt. Im April hatte er einen Brief bekommen, den er immer noch aufbewahrte: daß man sie veröffentlichen werde, in der Juliausgabe!
Dann hatte es allerlei Hin und Her gegeben: Man könne die Erzählung, leider, doch nicht veröffentlichen. Doch, man werde sie veröffentlichen, aber es seien da noch einige Punkte, die überarbeitet werden müßten. Und er überarbeitete, wieder und wieder, schlug sich Nächte um die Ohren und verbrachte sonnige Wochenenden darüber, bis das Ma-

nuskript schließlich endgültig angenommen war und in der Septemberausgabe gedruckt erscheinen sollte. Das waren noch einmal qualvolle Monate, in denen er unruhig schlief und ständig überlegte, wie die Leute, die er kannte, auf die Veröffentlichung reagieren würden. Was man ihn fragen würde. Was er antworten konnte.

Und dann, endlich, war es September, und die *Wilden Blätter* lagen in den Buchhandlungen, und seine Erzählung war sogar auf dem Titelblatt angekündigt. Er zitterte am ganzen Leib, als er – obwohl er wußte, daß er ein Belegexemplar bekommen sollte – ein Heft kaufte, aufschlug, seine Erzählung suchte und fand und las. – Und weiter geschah nichts. Der September ging, der Oktober dazu, und dann erschien schon die Novemberausgabe, ohne daß irgend jemand von der Erzählung Notiz genommen hatte.

Jetzt war das Glas etwas, woran er sich festhalten konnte. Er nahm einen tiefen Schluck und war dann selber überrascht über das, was aus ihm herausbrach. »Ich würde gern mehr schreiben, viel mehr. Es ist so viel in mir, daß ich manchmal das Gefühl habe zu platzen. Ich würde gern... ich würde gern einen Roman veröffentlichen.«

Er schwieg erschrocken. Das war schon beinahe, ja, Blasphemie. Aber der fremde Gast nickte nur gelassen.

»Das werden Sie«, sagte er. »Und nicht nur einen.«

»Glauben Sie?«

»Ja. Sie werden viele gute Bücher schreiben, die von vielen Menschen gelesen werden.«

»Wie können Sie das mit einer solchen Sicherheit sagen? Sie kennen mich doch kaum.«

»Ich kenne Ihre Erzählung. Rings um dieses Hutgeschäft, das Sie beschreiben, bricht mehr oder weniger die ganze Zivilisation zusammen, während der Verkäufer aus dem Fenster lugt und auf die Kundschaft wartet. Sie sehen die Zukunft zu düster.«

»Aber so ist es doch. Schauen Sie sich doch um in der Welt – wir vergiften die Luft, die wir atmen, das Wasser, das wir trinken, den Boden, auf dem wachsen soll, was wir essen. Und es sind sechs Milliarden Menschen, die essen wollen, und nichts – außer einem Atomkrieg vielleicht – wird verhindern, daß sich diese Zahl noch verdoppelt. Man nennt es Wirtschaftskrise, aber in Wirklichkeit wird einfach um die letzten Reste Leben gekämpft. Und wir, die wir nichts abbekommen, betrinken uns, nehmen Drogen oder tanzen uns bei hypnotischer Musik zu Tode.«

»Und das gerade zum Jahr 2000, wie passend.«

Brück sah seinen Gast irritiert an. »Wie bitte?«

»Ich habe nur überlegt, was für ein merkwürdiger Zufall es ist, daß das Ende der Menschheit gerade zusammenfallen soll mit dem Ende eines Jahrtausends.«

Diese Wendung des Gesprächs kam Brück reichlich seltsam vor. Er musterte den Unbekannten, der da auf seinem abgewetzten Sofa saß und zufrieden lächelte. »Das haben Sie sich aber nicht gerade jetzt ausgedacht.«

»Nein, zugegeben. Ich arbeite über die Jahrtausendpsychosen der Menschheit.«

»Jahrtausendpsychosen?«

»Religiöser Wahn, Exzesse, Hysterie, Gewalttätigkeiten, Endzeitstimmung, kurz: die Angst, die das kollektive Unbewußte zu allen Zeiten erfaßt, wenn ein Jahrtausend anbricht.«

»Hmm«, machte Brück. »Originell.«

Der Fremde sah ihn mit einem unergründlichen Lächeln an und schwieg einen Moment, als müsse er sich die Munition seiner Argumente zurechtlegen. »Wandern Sie doch einmal«, forderte er ihn schließlich auf, »in Gedanken die imaginäre Reihe der Jahre entlang oder wie immer Sie sich die Zeit vorstellen. Ist es nicht so, daß Sie eine beinahe körperliche Empfindung haben, wenn Sie das Jahr 2000 überschreiten?«

»Hmm«, machte Brück widerwillig. »Ja.«

»Und nun frage ich Sie: Warum ist das so, wenn wir doch angeblich nicht an die Magie der Zahlen glauben? Die Antwort ist, daß in unseren endlosen seelischen Tiefen Zahlen etwas Magisches sind, sich an ihnen der Wille der Götter offenbart.«

»Das mag ja sein«, meinte Brück. »Aber die Fakten reichen auch ohne Ihre Zahlenmagie für eine handfeste Endzeitstimmung.« Um überhaupt etwas zu tun, beugte er sich vor und schenkte nach. Er betrachtete die Flasche. Der Sekt war eine Marke, die er nicht kannte – was nichts heißen mochte –, und das Etikett wirkte sehr edel und teuer. Was auch nichts heißen mochte. Aber irgend etwas irritierte ihn daran.

»Glauben Sie nicht, daß Fakten durch Überzeugungen erst geschaffen werden?«

»Nein. Ich bin der ganz altmodischen Ansicht, daß Überzeugungen auf Wahrnehmung von Fakten beruhen sollten.«

Brück kam nicht darauf, was ihn an der Sektflasche so beschäftigte. Er stellte sie zurück auf den Tisch.
Der Fremde lächelte. »Nehmen Sie sich selbst: Wie weit reichen die Zukunftsprognosen, die Sie von Ihrer frühesten Jugend an gehört haben? Immer nur bis zum Jahr 2000, nicht wahr? Das heißt, mit derselben Hartnäckigkeit, mit der man Ihnen das Alphabet eintrichterte, brachte man Ihnen bei, daß das Jahr 2000 das Ende der Zeitrechnung ist.«
»Bilde ich mir denn die Übervölkerung ein? Ist die Umweltverschmutzung eine Ausgeburt meiner Phantasie?« Brück starrte immer noch die Sektflasche an.
»Nein. Was ich behaupte, ist, daß die Angst vor dem Ende des Jahrtausends die Menschen lähmt. Am Neujahrstag des Jahres 2000 werden die Menschen aufwachen und unfaßbar erleichtert sein: Endlich hat das lange Zittern ein Ende, endlich liegt wieder ein unauslotbar großer Zeitraum vor ihnen wie weites, jungfräuliches Land.«
»Woher wollen Sie das wissen?«
»Ich weiß es.«
»Sie wissen eine ganze Menge«, meinte Brück abwesend, und plötzlich fiel sie ihm wieder auf, die merkwürdige Einzelheit, die ihn vorher stutzig gemacht hatte. Er nahm die Sektflasche und las das Etikett: »Jahrgangssekt 1999«.
Er blickte auf und sah in die Augen seines Gegenübers. Tödlich erschrockene Augen. Dieser Gesichtsausdruck, nur eine Hundertstelsekunde lang, verriet alles. Es war, als lüfte eine Gottheit einen Schleier.
»Jahrgangssekt 1999«, wiederholte Brück langsam. Es klang weder vorwurfs- noch ahnungsvoll. Er stellte nur Tatsachen fest. »Sie haben einen Sekt aus dem nächsten Jahrtausend mitgebracht. Das ist der Grund, warum Sie so sicher über die Zukunft sprechen können: Sie sind jemand, der seine eigene Vergangenheit besucht.«
Die Worte standen im Raum, und ihre Wahrheit war so offenkundig, daß es unmöglich war zu leugnen. Der Fremde starrte ihn an wie von Panik gelähmt.
»Sie sind ein Zeitreisender«, sagte Brück.
Schließlich nickte der andere unwirsch. »Verdammt, ja.«
»Aus welchem Jahr?«
»2991.«
Unwillkürlich mußte Brück lachen. »Zweitausendneunhundert... Leidet Ihre Welt etwa auch wieder an einer Jahrtausendpsychose?«

»Ja, natürlich.« Es schien ihm nun peinlich zu sein, wie er vorhin mit seiner Kenntnis der Zukunft regelrecht angegeben hatte.

»Und Sie sind in die Vergangenheit gereist, um die Symptome zu vergleichen, sicherheitshalber?«

»So ungefähr.«

»Warum sind Sie nicht statt dessen in die Zukunft gereist?«

Der andere wand sich. »Das geht nicht.«

Brück musterte den blonden, stämmigen Mann, der da auf seiner Couch saß und sein Sektglas verlegen zwischen den Fingern drehte. Erst jetzt wirkte der Fremde real. Komisch, dachte Brück, als ob ich es geahnt hätte, seit er zur Tür hereinkam.

»Immerhin scheint es noch Menschen zu geben im Jahr 2991.«

»Natürlich. Mehr denn je.«

»Gibt es Kolonien im Weltraum? Überlichtschnelle Raumschiffe?«

Jetzt lächelte er, so wie Brück gelächelt hätte auf die Frage eines Zeitgenossen von Wilhelm dem Eroberer, der sich nach künftigen Pferderassen erkundigt. »Raumschiffe, ja – und anderes, für das Ihre Sprache keine Worte hat.«

Brück lehnte sich zurück, sehr behutsam. Plötzlich hatte er Angst, er könnte die Magie dieser Begegnung durch ein unbedachtes Wort oder eine hastige Bewegung zerstören. »Erzählen Sie mir etwas über die Zeitreise. Wie machten Sie das, daß Sie unsere Sprache sprechen, die richtige Kleidung tragen, wissen, wie Sie sich zu benehmen haben?«

»Das ist einfach. Ich bin Historiker; wir erforschen die Vergangenheit mit Hilfe der Zeitreise, und wir haben technische Möglichkeiten, unglaublich schnell zu lernen.«

»Ist es nicht gefährlich? Haben Sie nicht Angst, den Verlauf der Geschichte zu verändern?«

Der Mann aus der Zukunft nickte. »Man muß sehr aufpassen. Es ist auch nicht ganz legal, daß ich hier bin.«

»Wie war das mit dem Sekt? Woher stammt der?«

»Ich habe zuerst die Zeit nach der Jahrtausendwende besucht. 1999 wird ein sehr guter Weinjahrgang. Ich habe die Flaschen verwechselt.«

»Und warum haben Sie ausgerechnet mich besucht?«

»Es war wirklich so, wie ich sagte. Allerdings habe ich auch die Bücher gelesen, die Sie noch schreiben werden, und sie haben mir gut gefallen. Ich wollte Sie kennenlernen, Ihnen Mut machen, sie zu schreiben.«

Brück schwindelte bei diesen Worten, aber zu seiner Verwunderung gab es einen Teil in ihm, der den verzwickten Verwicklungen des Gesprächs mühelos zu folgen vermochte.
»Gut«, sagte er, »machen Sie mir Mut. Was passiert in den nächsten Jahren?«
Das Gesicht des Gegenübers verschloß sich. »Das darf ich Ihnen nicht sagen.«
Brück fühlte plötzlich seinen eigenen Atem, spürte die Unebenheiten des sperrmüllreifen Sessels, auf dem er saß, und hörte das feine Geräusch der Regentropfen, die gegen die hohen, schlierigen Fensterscheiben nieselten. In weiter Ferne schlug eine Turmuhr, drei Viertel Zwölf. Dies war die Wirklichkeit, er träumte nicht. Der Mann, der aus einer tausend Jahre entfernten Zukunft gekommen war, saß ihm gegenüber, und nur die fast greifbare Stille trennte sie.
»Sie wollten mir Mut machen«, sagte Brück schließlich. »Dazu müssen Sie mir eine Frage beantworten. Wie überlebt die Menschheit?«
»Sie überlebt.«
»Wie?« beharrte Brück. »Sie brauchen mir keine Einzelheiten zu erzählen, aber Sie müssen mir eine Idee geben. Mir fällt dazu nichts ein. Was könnte die Situation der Menschheit noch entscheidend verändern? Was könnte das sein?«
Der Zeitreisende verfiel in Nachdenken. Dann beugte er sich langsam vor und stellte sein Sektglas auf den Tisch. »Der Kontakt mit einer außerirdischen Zivilisation«, sagte er zögernd.
Eine heiße Woge brandete durch Brücks Körper. »Was?« entfuhr es ihm.
»Eines Abends«, erklärte der Gast, und er schien zu leiden, während er sprach, »eines Abends werden Sie die ›Tagesschau‹ einschalten, und es wird nur eine einzige Schlagzeile geben: über die Entdeckung einer nichtmenschlichen, außerirdischen, intelligenten Lebensform. Diese Entdeckung wird nicht einfach eine Sensation sein, sondern der größte Schock, den die Menschheit je erlebt hat; ein Erdbeben in der Seele der Menschen, das Mächte zerfallen und Religionen verschwinden lassen wird. Wirkliche Fremde, verstehen Sie? Das wird die Welt verändern wie nichts zuvor. Es wird eine

andere Menschheit sein, die das folgende Jahrtausend sieht.«
Brück hielt es nicht mehr aus in seinem Sessel. Er stellte sein Glas ab und stand auf, um ans Fenster zu treten. Die Sterne funkelten milde und fern am dunklen Himmel, zwischen den wattigen, regenschweren Wolken, die im Mondlicht schwarzviolett glänzten. Er spürte ein Gefühl in seiner Brust, als breche eine Stahlklammer, die sein Herz bis jetzt umkrallt hatte.
»Es gibt also Leben da draußen«, sagte er halblaut.
»Das Universum wimmelt von Leben«, bekräftigte die Stimme in seinem Rücken.
»Es geht also weiter?«
»Wir hatten Besuch aus einer Zeit, die über fünfzehntausend Jahre in der Zukunft liegt. Und sie erzählten uns von einem Kontakt mit... nun, menschlichen Wesen aus einer Jahrmillionen entfernten Zeit. Die Zukunft der Menschheit scheint unauslotbar zu sein, immer weiter und weiter zu gehen...«

Am Fenster sah Brück die ersten, verfrühten Feuerwerksraketen aufsteigen. Er schob den muffigen Vorhang weiter zur Seite, als gelte es, dem neuen Jahr Einlaß zu verschaffen.
»Und wissen Sie was?« fuhr der Gast aus einer anderen Epoche fort – es klang, als wundere es ihn selbst –, »zu allen Zeiten suchen die Menschen das Paradies, aber was immer sie auch anstellen, das Leben wird immer dieses seltsame Chaos bleiben. Immer wird es Freude geben und Leid, immer Geburt und Tod; zu allen Zeiten wird man Niederlagen kennen und Heimtücke und Haß – aber auch Siege, Ehrlichkeit und Liebe.«
Mitternacht. Die Kirchenglocken begannen zu läuten, grüne und rote Leuchtkugeln glitten majestätisch durch die Luft, und in den Straßen wirbelten die grellen Sonnenräder auf dem feucht glitzernden Asphalt. Zum erstenmal nach langer Zeit faszinierte es ihn wieder wie ein Kind. Brück hatte plötzlich das Gefühl, daß es ein gutes Jahr werden würde.
Zeit, darauf anzustoßen. Er drehte sich um, doch das Sofa war leer. Der Gast war verschwunden und die Sektflasche mit ihm. Nur die beiden Gläser standen noch auf dem Tisch, und als Brück sie verwundert in die Hand nahm, sah er, daß sie völlig leer und sauber waren, wie frisch gespült.

Die Zeit eilt, teilt, heilt

Wenn wir die Zeit tropfen sehen, sekundenweise, dann halten wir uns für endlos lebend: 60 Sekunden × 60 Minuten × 24 Stunden × 365 Tage – das ist ein riesiges Maß. Und doch: »Es fähret schnell dahin, als flögen wir davon« (Psalm 90, 10). Wir sind schon ziemlich alt.
Silvester und Neujahr sind Wegmarken im Strom der Zeit. Setzen wir uns ruhig hin und schreiben »Jahresringe«: die wichtigsten Ereignisse für uns persönlich. Sie verdienen, noch mal bedacht und notiert zu werden. So viel Freude und Leid, in jedem Fall: Mühe war dabeigewesen. Was hast Du gezittert – und gejubelt! Das ist doch des Erinnerns wert und des Dankens dazu.
Beim Achten auf die laufende Zeit kann man auch gewahr werden, wie jedes Jahr nur Nadelöhr ist, durch das die Zeit aus der Zukunft kommt und in die Vergangenheit fließt. Wir bekommen immer mehr Vergangenheit, die bekannt ist und unveränderbar. Unsere Zukunft, unbekannt, aber veränderbar, wird dagegen weniger. Doch was wir gedanklich so klar zerlegen, gehört zusammen. Daß wir neue Kalender

kriegen und die alten abgelaufen sind, ist lediglich ein technischer Wechsel. Was war und wird, steht beieinander. Was vorbei ist, kommt anders wieder. Das Zukünftige bereitet sich im Gegenwärtigen vor. Nichts ist aus und fertig, wohl nicht mal die Toten. Alles ist noch im Werden.

Bist du im alten Jahr mehr du selbst geworden? Was hat das Jahr gebracht und was wir ihm? Willst du du sein, mehr denn je, ein weiteres und viele weitere Jahre? Dann übe, empfänglicher und kompetenter und noch verantwortungsbereiter zu werden.

Hat dich aber das Jahr geschunden, dann sei froh, daß es gelaufen ist. Bitte vertraue in das Schicksal, in die Zeit, all das sind doch Tarnnamen für Gott. Dir soll Gutes gelingen. Du sollst dir gelingen.

Was kommt, wir müssen da durch. Und dann kommt das nächste, da müssen wir auch durch. – Die wunderbare, zähe, gute Kraft zu bestehen wachse Dir zu. Vertraue ins Dunkle. Du kannst nicht alles erhellen und klären und ordnen und zwingen. Du meinst, du würdest so viel schleppen. Aber sieh doch, wie du getragen wurdest, getragen wirst.

Inhalt

Autoren · Überschriften oder Textanfänge · Quellen

Lieferbare Radius-Bücher (eine Auswahl)

Heinrich Albertz: *Blumen für Stukenbrock.* Biographisches. 304 S., geb.
Heinrich Albertz: *Bremer Predigten.* 100 S., brosch.
Heinrich Albertz (Hrsg.): *Die Zehn Gebote.* 12 Bde. Je 108 bis 160 S., brosch.
Karl Bohrmann: *100 Aktzeichnungen.* Mit rotem Mantel. 144 S., brosch.
Karl Bohrmann: *Stilleben. Hommage à Morandi.* 108 S., geb.
Karl Bohrmann: *Zeichnungen.* 160 S., brosch.
Jürgen Brodwolf: *100 Arbeiten auf Papier.* 144 S., geb.
Jürgen Brodwolf: *Theresienstadt. Wunde.* 15 Arbeiten auf Papier. 48 S., geb.
Jürgen Brodwolf / Peter Härtling: *Transparentblätter.* 120 S., geb. im Schuber.
Yves Robert Buergi: *Eine Handbreit Erinnerung nur und Klage...* 80 S., brosch.
Mechthild Dehn: *Leben.* Krebs: Entscheidung – Anruf – Suche. 96 S., geb.
Wolfgang Erk (Hrsg.): *Danken, Klagen, Loben / Alles reift...* 2 Bde. Zus. 508 S., geb.
Wolfgang Erk (Hrsg.): *Für diesen Tag und für alle Tage...* Ein Brevier. 128 S., geb.
Wolfgang Erk (Hrsg.): *Hoffnungstexte.* Ermutigungen. 240 S., geb.
Wolfgang Erk (Hrsg.): *Nimm dieses Wort.* Texte für Liebende. 128 S., geb.
Radius-Almanach 1978/79 bis 1996/97. 19 Ausgaben. Je 52 bis 160 S., Engl. Brosch.
Wolfgang Erk (Hrsg.): *Wer bin ich?* 100 Texte. 128 S., geb.
Wolfgang Erk (Hrsg.): *Zum neuen Jahr.* Vorsätze, Hoffnungen, Wünsche. 96 S., geb.
Richard Exner: *Die Zunge als Lohn.* Gedichte 1991-1995. 96 S., geb.
Richard Exner: *Gedichte 1953-1991.* 320 S., geb.
Traugott Giesen: *Christsein praktisch.* 100 Proben Glaubensmut. 224 S., geb.
Traugott Giesen: *Glaube mit Hand und Fuß.* 94 Kolumnen. 200 S., geb.
Traugott Giesen: *glauben heilt.* Glaubensbekenntnis. 176 S., geb.
Traugott Giesen: *Gott liebt Dich und braucht Dich.* 192 S., geb.
Traugott Giesen: *Ich kann von Glück sagen.* 30 Lockrufe. 208 S., geb.
Traugott Giesen: *Leben ist Lieben.* 80 Kolumnen. 168 S., geb.
Traugott Giesen: *Schmerzlich – schön – wunderbar.* 90 Kolumnen. 212 S., geb.
Traugott Giesen: *Vater unser in Ewigkeit. Amen.* 42 An-Reden. 200 S., geb.
Traugott Giesen / Hans Jessel: *Sylt für die Seele.* 45 Texte. 45 Farbfotos. 96 S., brosch.
Hannah Green: *Ich hab dir nie einen Rosengarten versprochen.* 240 S., geb.
Gustav-Heinemann-Initiative: *Skrupellose Wirtschaft...* Dok. 1996. 96 S., brosch.
Peter Härtling: *Brüder und Schwestern.* Tagebuch eines Synodalen. 80 S., brosch.
Peter Härtling: *Für Ottla.* 40 S., geb.
Peter Härtling: *Das Land, das ich erdachte.* Gedichte 1990-1993. 128 S., geb.
Peter Härtling: *Das wandernde Wasser.* 128 S., brosch.
Peter Härtling (Hrsg.): *»es hofft die gantze welt«.* Mein Weihnachtsbuch. 88 S., geb.
Peter Härtling (Hrsg.): *Fundevögel.* Geschichten. 320 S., geb.
Peter Härtling (Hrsg.): *Textspuren.* 8 Bände. Zus. 1792 S., brosch.
Peter Härtling / Arnulf Rainer: *Engel – gibt's die?* 112 S., geb.
Dirk Heinrichs: *Den Krieg entehren.* Sind Soldaten *potentielle* Mörder? 120 S., brosch.
Klaus-Peter Hertzsch: *Der ganze Fisch war voll Gesang.* 80 S., brosch.
Klaus-Peter Hertzsch: *Nachdenken über den Fisch.* Texte/Predigten. 160 S., brosch.
Reinhard Höppner: *Segeln gegen den Wind.* Texte und Reden. 140 S., geb.
Renate und Reinhard Höppner (Hrsg.): *Den Menschen ein Wohlgefallen.* 128 S., geb.
Walter Jaide: *Für eine Moral der Zukunft.* Betrachtungen. 96 S., brosch.
Inge Jens / Walter Jens: *Vergangenheit – gegenwärtig.* Biographisches. 88 S., geb.
Walter Jens: *Das A und das O.* Die Offenbarung des Johannes. 96 S., brosch.
Walter Jens: *Die Zeit ist erfüllt. Die Stunde ist da.* Markus-Evangelium. 96 S., brosch.
Walter Jens: *Und ein Gebot ging aus.* Das Lukas-Evangelium. 160 S., brosch.
Walter Jens: *Am Anfang: Das Wort.* Das Johannes-Evangelium. 128 S., brosch.
Walter Jens: *Zeichen des Kreuzes.* Vier Monologe. 80 S., brosch.

Walter Jens (Hrsg.): *Assoziationen.* 8 Bde. Je 210 bis 260 S., brosch.
Maria Jepsen: *einmischen.* Neue Reden und Predigten. 180 S., geb
Maria Jepsen (Hrsg.): *Wen meine Seele liebt.* 128 S., geb.
Erika Kitter: *...und dann nahm ich mir heraus zu leben.* MS. 160 S., brosch.
Ulfrid Kleinert: *Dresdner Dialogpredigten.* 96 S., brosch.
Jo Krummacher (Hrsg.): *Für jeden Sonn- und Feiertag.* 100 Predigten. 420 S., geb.
Jo Krummacher / Hendrik Hefermehl: *Ratgeber KDV.* 200 S., brosch.
Dieter Lattmann: *Die verwerfliche Alte.* Eine Geschichte aus unserer Zeit. 192 S., geb.
Gerd Lüdemann: *Die Auferstehung Jesu.* Erweiterte Neuausgabe 1994. 280 S., geb.
Gerd Lüdemann: *Das Unheilige in der Heiligen Schrift.* 120 S., brosch.
Gerd Lüdemann: *Ketzer.* 320 S., geb., Studienausgabe: 260 S., brosch.
Gerd Lüdemann / Alf Özen: *Was mit Jesus wirklich geschah.* 140 S., brosch.
Henning Luther: *Religion und Alltag.* Praktischen Theologie. 336 S., brosch.
Kurt Marti: *Fromme Geschichten.* 128 S., brosch.
Kurt Marti: *geduld und revolte.* die gedichte am rand. Neuausgabe. 96 S., brosch.
Kurt Marti: *Die gesellige Gottheit.* 100 S., geb.
Kurt Marti: *Gottesbefragung.* 180 S., brosch.
Kurt Marti: *gott gerneklein.* gedichte. 80 S., brosch.
Kurt Marti: *O Gott! Lachen, Weinen, Lieben.* Ermutigungen zum Leben. 380 S., geb.
Kurt Marti: *Die Psalmen 1-150.* Annäherungen. 4 Bde. Zus. 728 S., brosch.
Kurt Marti: *Ungrund Liebe.* 60 S., brosch.
Pierangelo Maset: *Ästhetische Bildung der Differenz.* 300 S., brosch.
Dietrich Mendt (Hrsg.): *Mache dich auf – werde Licht!* 572 S., geb.
Thomas Müller: *Zeichnungen 1994-1996.* 128 S., geb.
Leonie Ossowski: *Das Zinnparadies.* 64 S., geb.
Marietta Peitz: *Grün, wie lieb ich dich grün.* GartenGedanken. 140 S., brosch.
Marietta Peitz: *Ich sollte Lilien pflanzen...* Tagebuch des Älterwerdens. 120 S., geb.
Marietta Peitz: *Trittsteine.* Alltag mit einer Flüchtlingsfamilie. 96 S., brosch.
DAS PLATEAU. Die Zeitschrift im Radius-Verlag. 6mal jährl., je 48 S., brosch.
Günter Radtke: *Notizen zur greifbaren Nähe.* 120 S., geb.
Ruth Rehmann: *Der Oberst begegnet Herrn Schmidt.* Geschichten. 64 S., geb.
Kurt Scharf: *Widerstehen und Versöhnen.* Rückblicke und Ausblicke. 280 S., geb.
Klaus Schmidt: *Gerechtigkeit...* Johanna und Gottfried Kinkel. Biographie. 260 S., geb.
Gerhard Schneider: *Die Katze im Stall von Bethlehem.* Geschichten. 80 S., brosch.
Michael M. Schönberg: *Von oben herab.* 32 Text-Erhebungen. 180 S., geb.
Hansjürgen Schulz: *Ethik als Einmischung.* Erfahrungen und Modelle. 128 S., brosch.
Klaus von Stieglitz: *Einladung zur Freiheit.* Anthroposophie. 280 S., brosch.
K.R.H. Sonderborg: *Phänotypen.* 64 S., Engl. Brosch.
Lothar Steiger: *Von wahrer und falscher Resignation.* Predigten. 136 S., brosch.
Jörg Stöhrer: *Dunkle Räume – helle Räume.* Gedichte 1959-1995. 144 S., geb.
Walter Stöhrer: *Unter dem Feigenbaum.* 32 Gouachen. 96 S., geb.
Hermann Timm: *Sprachenfrühling.* Evan.-protestantische Religionskultur. 120 S., brosch.
Iwan S. Turgenjew: *Mumu.* 88 S., geb.
Heinrich Vogel: *Gesammelte Werke.* 12 Bde. Je 223 bis 688 S., geb.
Angelika Vonier: *Nicht geboren, ich zu sagen.* Biblische FrauenGeschichten. 140 S., geb.
Ulrich Wiesjahn: *Wo das Wort tönend wohnt.* Gespräche mit Jesus. 96 S., brosch.
Hanna Wolff: *Der eigene Weg.* 120 S., brosch.
Hanna Wolff: *Jesus der Mann.* 200 S., brosch.
Hanna Wolff: *Jesus als Psychotherapeut.* 180 S., brosch.
Hanna Wolff: *Neuer Wein – Alte Schläuche.* 240 S., brosch.
Hanna Wolff: *Der universale Jesus.* 160 S., brosch.

Radius-Verlag · Olgastraße 114 · 70180 Stuttgart · Tel 0711.607 66 66 · Fax 607. 55 55